智库 中社

国家智库报告 2018（21）
National Think Tank

新时代中非友好合作

中国与肯尼亚友好合作

李新烽　邓延庭　张梦颖　著

FRIENDLY COOPERATION BETWEEN CHINA AND KENYA

中国社会科学出版社

图书在版编目(CIP)数据

中国与肯尼亚友好合作／李新烽，邓延庭，张梦颖著．—北京：中国社会科学出版社，2018.8

（国家智库报告）

ISBN 978－7－5203－2994－1

Ⅰ.①中… Ⅱ.①李…②邓…③张… Ⅲ.①中外关系—友好往来—肯尼亚 Ⅳ.①D822.242.4

中国版本图书馆 CIP 数据核字（2018）第 184923 号

出 版 人 赵剑英
项目统筹 王 茵
责任编辑 喻 苗
特约编辑 郭 枭
责任校对 石春梅
责任印制 李寡寡

出 版 中国社会科学出版社
社 址 北京鼓楼西大街甲 158 号
邮 编 100720
网 址 http://www.csspw.cn
发 行 部 010－84083685
门 市 部 010－84029450
经 销 新华书店及其他书店

印刷装订 北京君升印刷有限公司
版 次 2018 年 8 月第 1 版
印 次 2018 年 8 月第 1 次印刷

开 本 787×1092 1/16
印 张 10.75
字 数 145 千字
定 价 49.00 元

充分发挥智库作用
助力中非友好合作

当今世界正处于大发展、大变革、大调整时期。世界多极化、经济全球化、社会信息化、文化多样化深入发展，和平、发展、合作、共赢成为人类社会共同的诉求，构建人类命运共同体成为各国人民共同的愿望。与此同时，大国博弈激烈，地区冲突不断，恐怖主义难除，发展失衡严重，气候变化凸显，单边主义和保护主义抬头，人类面临许多共同挑战。中国是世界上最大的发展中国家，人类和平与发展事业的建设者、贡献者和维护者。2017 年 10 月中共十九大胜利召开，引领中国发展踏上新的伟大征程。在习近平新时代中国特色社会主义思想指引下，中国人民正在为实现“两个一百年”奋斗目标和中华民族伟大复兴的“中国梦”而奋发努力。非洲是发展中国家最集中的大陆，是维护世界和平、促进全球发展的重要力量之一。近年来非洲在自主可持续发展、联合自强道路上取得了可喜进展，从西方人眼中“没有希望的大陆”变成了“充满希望的大陆”，成为“奔跑的雄狮”。非洲各国正在积极探索适合自身国情的发展道路，非洲人民正在为实现“2063 年议程”与和平繁荣的“非洲梦”而努力奋斗。

中国与非洲传统友谊源远流长，中非历来是命运共同体。中国高度重视发展中非关系，2013 年 3 月习近平主席担任国家主席后首次出访就选择了非洲；2018 年 7 月习近平主席连任国家主席后首次出访仍然选择了非洲；5 年间，习近平主席先后 4

次踏上非洲大陆，访问坦桑尼亚、南非、塞内加尔等8国，向世界表明中国对中非传统友谊倍加珍惜，对非洲和中非关系高度重视。2018年是中非关系的“大年”，继习近平主席访问非洲之后，中非合作论坛北京峰会将于9月召开，这是中非合作论坛史上的第三次峰会。中非人民对此充满热情和期待，国际社会予以高度关注。此次峰会必将进一步深化中非全面战略合作伙伴关系，推动构建更为紧密的中非命运共同体，成为中非关系发展史上又一具有里程碑意义的盛会。

随着中非合作蓬勃发展，国际社会对中非关系的关注度不断加大，出于对中国在非洲影响力不断上升的担忧，西方国家不时泛起一些肆意抹黑、诋毁中非关系的奇谈怪论，诸如“新殖民主义论”“资源掠夺论”“债务陷阱论”等，给中非关系发展带来一定程度的干扰。在此背景下，学术界加强对非洲和中非关系的研究，及时推出相关研究成果，讲述中国在非洲的真实故事，展示中非务实合作的丰硕成果，客观积极地反映中非关系，向世界发出中国声音，显得日益紧迫重要。

中国社会科学院以习近平新时代中国特色社会主义思想为指导，按照习近平总书记的要求，努力建设马克思主义理论阵地，发挥为党和国家决策服务的思想库作用，努力为构建中国特色哲学社会科学学科体系、学术体系、话语体系作出新的更大贡献，不断增强我国哲学社会科学的国际影响力。我院西亚非洲研究所是根据当年毛泽东主席批示成立的区域性研究机构，长期致力于非洲问题和中非关系研究，基础研究和应用研究并重，出版发表了大量相关著作和论文，在国内外的影响力不断扩大。

为了服务国家外交大局，配合即将召开的中非合作论坛北京峰会，西亚非洲研究所与国际合作局共同组织编写了《新时代中非友好合作智库报告》。这是一套系列智库报告，包括一个主报告和八个分报告。主报告《新时代中非友好合作：新成就、新机遇、新愿景》总结了党的十八大以来，中非双方通过共同努力，在政治、经贸、人文、和平安全等合作领域取得的伟大成就，分析了中国特色社会主义进入新时代为非洲发展和中非合作带来的新机遇，展望了未来中非友好合作的新愿景和重点对接合作领域。分报告包括:《中非直接投资合作》《“一带一路”倡议与中非产能合作》《中非减贫合作与经验分享》《中非人文交流合作》《中非和平与安全合作》《中国与肯尼亚友好合作》《中资企业非洲履行社会责任报告》和《郑和远航非洲与21世纪海上丝绸之路》。它们分别从不同领域和角度详细阐述了中非合作取得的成就，面临的问题和挑战，以及未来发展合作的建议。主报告和分报告相互联系，互为一体，力求客观、准确、翔实地反映中非合作的现状，有利于增进人们对中非关系的认识和了解，为新时代中非关系顺利发展提供学术视角和智库建议。此外，这套智库报告英文版将同时出版，主要面向非洲国家和国际社会，向世界表明中非友好合作完全符合双方26亿人民的根本利益，完全顺应世界和平稳定与发展繁荣的历史潮流。

这套智库报告从策划立项到组织编写，再到印刷出版，前后只有5个月，时间紧，任务重，难免有缺憾和疏漏之处。例如，非洲国家众多，但国别合作报告只有一本《中国与肯尼亚友好合作》，略显单薄，如果至少有5—10本类似的国别合作报告，那么整套智库报告将会更为全面，更为丰满，希望将来有机会弥补这一缺憾，能够看到更多的中非国别合作报告。相信在国内非洲学界的共同努力下，我国的非洲研究和中非关系研究将不断攀登新高峰，从而更好地服务国家战略，助力新时代中非友好合作全面深入发展。

中国社会科学院副院长

蔡　昉

2018年8月

摘要：肯尼亚不仅是非洲经济社会发展成就较为突出的国家之一，也是引领东非一体化深入发展的重要引擎之一，亦是中国开展对非洲合作的重要对象。近年来，中国与肯尼亚的双边关系持续深化发展，双方在中非合作论坛与“一带一路”倡议框架下实现了国家发展战略的准确对接与有机融通，陆续在基础设施建设、产能合作、能力建设、人文交流等多个领域完成了一系列令人瞩目的合作成就，成为新时代中非合作关系持续、健康、深入、全面发展的典型。特别是全面采取“中国标准”的蒙内铁路的建成通车全面刷新了中肯乃至中非合作的高度，它不仅使中国改革开放四十年以来所取得的经济、科技成就有效助推肯尼亚社会经济发展，而且拉开了东非地区以铁路为突破口实现基础设施互联互通的大幕。

本报告以中国与肯尼亚不断深化的双边关系为基本立足点，系统梳理两国在各个领域内取得的合作成就，详细分析以蒙内铁路为代表的各项中肯合作成果对于支持肯尼亚落实“2030 愿景”以及非洲联盟“2063 议程”的重要意义，为全面理解和认识近年来中非合作关系提供了宝贵的国别观察视角和详尽的实证研究事例。

关键词：中肯关系、中非合作论坛、“一带一路”倡议、蒙内铁路、中非命运共同体

Abstract: Kenya is not only one of the countries with outstanding achievements in economic and social development in Africa, but also an important engine leading the in-depth development of East Africa integration. It is also an important country for China to cooperate with Africa. In recent years, the bilateral relations between China and Kenya have continued to deepen. Under the frameworks of the Forum on China-Africa Cooperation and the "Belt and Road Initiative", the two sides have successfully cooperated in development strategies, and have successively made accomplishments in various fields such as infrastructure construction, production capacity cooperation, capacity building, and cultural exchanges. It has become a typical example of continuous, healthy, in-depth and all-round development of China-Africa cooperation in the new era. In particular, the completion and opening to service of the "China Standard" Mombasa-Nairobi Railway has completely updated the level of China-Kenya and even China-Africa cooperation, and it is not only evidence that China's economic and scientific achievements of 40-year reform and opening up has effectively helped promote Kenya's social and economic development, but it is also a symbol that East Africa has started the process of building connectivity in infrastructure. The present study, will systematically review the achievements in the cooperation of the two countries in various fields, and provide a detailed discussion l of their significance in assisting Kenya in implementing its "Vision 2030" and "Agenda 2063" so as to provide a valuable international perspective on comprehensive understanding China-Africa cooperation in recent years.

Key Words: China-Kenya relations; Forum on China-Africa Cooperation; Belt and Road Initiative; Mombasa-Nairobi Railway; community of common destiny

前　言

600 多年前，中国历史上的著名航海家郑和曾率领庞大的船队抵达了东非印度洋沿岸。这是中国首次派出官方人员，沿海上丝绸之路开辟连接中国与非洲的通道，全面掀开了中国与非洲开展官方交流的历史大幕。在非洲的历史发展进程中，外来船队的到来似乎总会给非洲人民带来无尽的痛苦与灾难。无论是阿拉伯商人、欧洲船队早先竞相从事的奴隶贸易，还是后来欧洲殖民者坚船利炮带来的殖民统治，都已成为长期摧残非洲人民的桎梏，至今仍然是非洲人民脑海中挥之不去的噩梦。然而，郑和的非洲之旅成了仅有的一次例外，他所率领的船队虽然在规模上要远远超过工业革命之前抵达非洲的任何一支外来船队，却并没有将奴役、侵略、战争、掠夺、杀戮强加给非洲人民，而是实现了中国随船出访人员与当地非洲民众之间的和平相处与友好交流。郑和的这次“凿空之行”是一次当之无愧的和平之旅、友好之旅，不仅在中非官方交往的历史上书写下了浓墨重彩的第一笔，而且也为日后中国与非洲关系的发展奠定了坚实的基础。

肯尼亚作为东非①第一大经济体，不仅在历史上经历和见证

① 本报告中中所使用的“东非”一词，仅指代狭义概念上的东非地区，即由东非共同体成员国肯尼亚、坦桑尼亚、乌干达、卢旺达、布隆迪、南苏丹六国组成的区域。

了郑和船队带来的中非友好交流，而且自获得政治独立以来，长期与中国保持着良好的合作关系，成为推动中国与非洲友好关系不断朝向纵深发展的先锋力量。自1963年肯尼亚与中国正式建立外交关系以来，中肯双方本着平等、友好、互利的原则不断深化双边关系。中国在力所能及的范围内积极支持肯尼亚的经济社会发展，为肯尼亚援建了一大批基础设施工程，其中最具代表性的工程当属莫伊国际体育中心。莫伊国际体育中心包含体育场、体育馆、游泳池、运动员宿舍四大部分，总占地面积100多公顷，建筑面积8.4万多平方米，可同时容纳近万名观众观看体育赛事，于1987年7月正式建成移交肯尼亚，是中国在20世纪实施的规模最大的援肯项目。莫伊国际体育中心自建成投用以来，先后承办了以第四届非洲运动会为代表的多项大型体育赛事，迄今为止仍然是肯尼亚全国规模最大、设施最为齐全、运营状态最好的体育设施项目，为肯尼亚国内体育事业和全民健身运动的发展作出了不可磨灭的贡献，代表着中国与肯尼亚在20世纪开展友好合作的最高水平，是继坦赞铁路之后，又一座凝结中肯乃至中非友谊的不朽历史丰碑。

进入21世纪之后，中非合作论坛的设立，特别是中国提出的“一带一路”倡议，为中肯两国在新时期进一步巩固和提升传统友好关系提供了更为广阔的发展平台。近年来，中肯双方以上述两大合作框架为依托，将两国各自的发展战略进行准确对接和有机融合，在不断夯实和提升既有合作成果的同时，积极发掘全新的合作机遇，在基础设施、产能合作、能力建设、人文交流、生态环境保护等多个方面都取得了令世人瞩目的合作成就，进一步凸显了肯尼亚作为“三网一化”建设重点地区和中非产能合作先行先试示范国的优势地位。特别是随着连接蒙巴萨至内罗毕的现代化标准轨铁路（蒙内铁路）的顺利开工以及按计划建成通车，中国成功地通过聚合改革开放四十年以来在各个领域取得的技术进步，有力地支持了肯尼亚在落实非洲联盟“2063 议程”和本国“2030 愿景”的历史进程中迈出坚实的一步，不仅为肯尼亚的社会经济发展注入强劲动力，也将中肯乃至中非在新时期的合作推向了全新的高度。

为了永久铭记中肯友好合作之于蒙内铁路这一新时代中非合作旗舰型工程的重要意义，中肯两国在蒙内铁路起点的蒙巴萨西站树立了郑和的雕像。在 21 世纪建成通车的铁路起点树立中非友好交往先驱的雕像，这种历史与现实交相呼应的做法具有丰富的含义。它一方面表明蒙内铁路是郑和在历史上开辟的中非友谊航路在新时代向非洲内陆的有机延伸，不仅在空间上强调了肯尼亚拥有衔接东非陆路交通运输与中国提出的 21 世纪海上丝绸之路的地理优势，而且从逻辑方面凸显了肯尼亚是新时期中国对非洲政策与非洲国家自身发展战略实现有机融合的重要桥头堡之一；另一方面，它不仅充分佐证铸就蒙内铁路这一伟大工程的中肯友好合作关系，正是 600 多年前郑和下西洋所开启的中非友好交流在新时代的延续和发展，而且诠释了凝结了中国改革开放四十年以来技术进步成就的蒙内铁路，为中肯乃至中非友好合作关系在新时代的发展提供了全新的内涵。

2018 年 6 月 17 日，中国全国政协主席汪洋参观蒙内铁路，对蒙内铁路通车一年以来所取得的辉煌业绩予以高度评价。汪洋主席指出，蒙内铁路迅速建成通车，运营效果良好，充分反映出中肯合作的高水平，也反映出肯尼亚的基础设施建设水平迈上新的台阶。

总而言之，蒙内铁路是中国与肯尼亚在中非合作论坛、“一带一路”倡议框架下成功开展友好合作的典范。中肯双方将以此为基础，共同努力，进一步加大互利合作的力度，推动双方在更多的领域中取得优异的合作成就，用更加成熟、全面、健康的中肯合作关系书写新时代中非命运共同体的华丽篇章。

目　录

第一章　蒙内铁路项目缘起

作为东非第一大经济体以及非洲经济社会发展成效最为显著的国家之一，肯尼亚近年来对国内基础设施的建设提出了越来越高的要求。面对在国内经济快速发展和东非一体化深入发展双重拉动下不断攀升的交通运输量，以英国殖民统治遗留的窄轨铁路为代表的既有低效率陆路交通运输方式显然无法有效应对这种挑战。正是在这种内生动力的推动下，肯尼亚提出了以建设现代化标准轨铁路为契机破解交通运输困局的设想，但又受制于缺乏足够资金和技术的现实难题。随着中国提出"一带一路"倡议，中国与肯尼亚深化基础设施建设合作为后者落实铁路建设计划提供了宝贵机遇。简言之，肯尼亚的国家发展战略是催生蒙内铁路的内生动力和根本原因，"一带一路"倡议框架下的中肯深入合作是确保蒙内铁路从规划蓝图转变为现实交通工程的重要外部保障性条件。

（一）米轨铁路无法满足运输需求

19 世纪末期，英国为加强对东非殖民统治而修建了从蒙巴萨（Mombasa）通往坎帕拉（Kampala）的窄轨铁路。自建成通车以来，窄轨铁路一直在肯尼亚的陆路交通运输体系中占据着核心的地位，即便进入了 21 世纪第二个十年的初期，这种地位仍然没有发生改变。但由于铁路建设标准低下，加之长期缺乏必要的维护和保养，窄轨铁路的实际运营状态每况愈下，在与公路的竞争中尽显劣势。特别是随着近年来肯尼亚陆路交通运输量的不断攀升，窄轨铁路愈发显得力不从心，丧失了铁路在长距离大宗运输上本应具有的先天优势，逐步在肯尼亚全国运输格局中处于被边缘化的地位。为了重振铁路在全国交通运输中的核心地位，肯尼亚需要放弃已经不合时宜的窄轨铁路，转而修建与当代世界技术同步的现代化标准轨铁路。

1. 殖民争霸催生米轨铁路

由中国与肯尼亚合作建设的蒙巴萨至内罗毕（Nairobi）现代化标准轨铁路于2017年5月31日正式建成通车，但它并不是连接两地的第一条铁路。早在一百多年前，英国殖民者为了全面加强对东非地区的殖民统治，就在此区间内修建了米轨铁路。

1884年柏林会议召开之后，欧洲列强迅速掀起了瓜分非洲的狂潮，并且确定以“有效占领”原则作为根本指导性方针。在东非地区，英国殖民者多点出击，分别于1894年建立了以恩德培（Entebbe）为中心的乌干达保护国，以及于1895年建立了以蒙巴萨为中心的东非保护国，在大湖地区和印度洋沿岸分别设下自己的据点。为了应对德国殖民者在东非赤道以南地区以及比利时殖民者在大湖地区南部的快速扩张，英国急需加强对其在东非的两大势力范围的实际控制，加强两者之间的联系和互动。在当时的情况下，连接印度洋沿岸与大湖地区北部唯一的交通通道就是穿越高原、裂谷的羊肠小道。这些通道虽然自古以来就是沟通两地的传统商路，但道路质量较差，季节性通行的性质较为明显，根本无法大量承运人员和物资。加之沿线地形地貌复杂，还需穿越大片的无人区以及众多尚未同外部世界接触的族群的领地，危险性较大。据统计，按照当时的情况计算，如果英国殖民者需要从蒙巴萨往返恩德培，往往需要花费数月的时间。在英国逐步将德国列为其在欧洲以及海外的最主要竞争对手的背景之下，这样低效率的运输方式显然无法满足英国全面加强对东非的“实际控制”，有效应对德国势力在东非地区快速崛起的需求。为此，英国殖民者迫切需要建设一条沟通印度洋沿岸与大湖地区的现代化陆路通道。这便是英国修建米轨铁路的根本动因。

进入19世纪90年代中后期，东非地区出现的一系列新的形势变化成为推动英国殖民者决定立刻上马米轨铁路项目的直接动因。其一，乌干达境内频繁爆发的反英武装起义客观上暴露了英国在当地殖民统治力量相对薄弱的问题。为此，英国人迫切需要打通由蒙巴萨通往乌干达的陆路通道，将英属东非较为丰富的殖民统治资源和相对强大的殖民统治力量“输送”给乌干达，彻底解决当地频繁出现的“叛乱”问题；其二，德国殖民者为了强化对德属东非（坦噶尼喀）的“有效控制”，已经陆续规划并且逐步上马了诸如乌桑巴拉铁路（Usambara Railway）、中央铁路（Central Railway）等项目，全面掀起了列强以强化东非殖民统治为目的的基础设施建设竞赛；其三，英国为了进一步巩固对东非的殖民统治，除了武力镇压之外，也迫切需要进一步加强对东非的“经济开发”，即通过建设现代化的运输通道，确保东非在向英国本土输送咖啡、腰果、香蕉等自然资源的同时，英国也可向东非大批倾销工业制成品。基于这三点考虑，英国最终决定于1896年正式开工建设米轨铁路工程。总而言之，英国提出修建米轨铁路的计划，是欧洲列强在非洲的殖民霸权争夺战催生的产物，本质上是为了强化自身对东非的殖民统治。米轨铁路的修建固然给沿线的经济社会发展带来了一定的动力，但这并不能改变它是帝国主义强加给东非的一种统治工具的事实。

2. 米轨铁路的建设

米轨铁路东起印度洋之滨的蒙巴萨，西至维多利亚湖东岸的基苏木，经维多利亚湖水路接乌干达的恩德培，全长930多公里。本着采取节约成本的理念，英国没有选取欧洲各国本土普遍使用的1435毫米标准轨距，而是采取殖民者在海外殖民地广泛采取的1000毫米轨距。铁路由英国工程师乔治·怀特豪斯（George Whitehouse）负责总体设计，由来自印度殖民地的技术人员和劳工负责铁路的具体建设工作。铁路于1896年正式开工建设，以蒙巴萨的基林迪尼（Kilindini）港作为铺轨的起点，采取建成一段通车一段的方式，不断向东非内陆延伸。1897年，铁路修通到沃伊（Voi），并预留通往德属东非殖民地乞力马扎罗的分叉口；1899年，铺轨到内罗毕，并在此修建相应的铁路场站设施，为日后内罗毕城镇的形成以及肯尼亚统治中心的搬迁奠定了基础；1901年，铁路修通到弗洛伦斯港（Port Florence）［即现在的基苏木（Kisumu）］，全线正式贯通通车。根据当时窄轨铁路终点站所处地区的名称，从蒙巴萨至基苏木全线被命名为“乌干达铁路”（Uganda Railway）。这条窄轨铁路总造价300万英镑（1984年物价），总共动用3.2万名技术人员和劳工，是当时英国在非洲殖民地一次性投资最大的项目①。

由于工作条件恶劣，米轨铁路的建成通车是以参加者付出巨大的生命代价为前提而实现的。蒙巴萨至内罗毕区间虽然只有500公里，约占总里程的一半，但由于地形复杂等原因，建造难度远超剩余路段。气候炎热、地形复杂、食物和水源短缺、疾病肆虐、野兽出没等因素的存在，使蒙巴萨至内罗毕区间成为建设人员死伤最为惨重的地区。在铁路全线建设而死亡的将近3000人之中，将近有约一半的人员因为各种原因而长眠在蒙巴萨至内罗毕区间。其中具有代表性的事件是察沃河狮子吃人事件。察沃河是铁路从蒙巴萨出发后需要越过的第一道巨大的

① Daniel Knowles, “The lunatic express”, The Economist 1843, August-September, 2016.

地理屏障。1898 年，察沃河大桥正式开始修建，工人们除了需要面对湍急的察沃河河水之外，还要随时应对来自野生动物带来的威胁。在桥梁修建的 9 个多月的工期之中，多次出现铁路工人在夜间神秘失踪的情况。后来人们发现罪魁祸首是两头捕食铁路建设员工的野生狮子。它们往往是在黑夜降临后偷偷潜入工人的宿营地，趁工人熟睡之际上前扑咬，并将被咬伤后的工人拖出铁路宿营车或帐篷至野外食用。工地虽然采用在宿营地周围修建篱笆、点火、派专职人员看守等方式加强对工人们的保护，但成效甚微，仍然不断有人葬身于狮腹。一时间，恐惧情绪开始笼罩在工地上空，成为迟滞大桥建设进度的重要因素之一。铁路建设方此后不断加强对两头狮子的猎杀工作，并于半年后终于将两头狮子全部击毙，确保了大桥按计划建成通车。据事后的分析调查显示，两头狮子均在不同程度上存在牙齿不完整、爪子感染的问题，不具备捕食其他野生动物的能力，因此远离野生狮群独自生活，并且将捕食铁路工人作为主要食物来源。据统计，在两头狮子肆虐期间，总共有 30 个铁路工人因此而丧生，成为窄轨铁路建设过程中最为惨绝人寰的事件之一。此外，加之在铁路建设过程中，铁路工人又分别因为疾病肆虐、食物和水源短缺等问题不断死亡，至铁路修建到内罗毕时，因为各种原因死亡的人数已经超过 1000 人。内罗毕以西路段的修建难度虽然相对较小，但工人的死伤问题依然没有得到根本性解决。至 1901 年铁路修建到基苏木之时，共有超过 3000 多名铁路建设员工因为各种原因而死亡。折合在整个铁路修建过程中，平均每公里死亡 4 个人，每周死亡 35 个人，这是一条名副其实的血泪之路①。

米轨铁路的建设也给沿线的环境和居民生活带来了一定的

① Stephen Mills，Brian Yonge，*A Railway to Nowhere*：*The Building of the Lunatic Line* 1896 - 1901，Nairobi：Mills Publishing，pp. 52 - 60.

消极影响。从环境方面来看，铁路在通过察沃河地区的野生动物聚居区路段，主要采用简易的路堤形式，这在很大程度上使铁路成为阻隔动物自由活动的人造障碍，也为日后铁路开通运营后频繁地出现列车撞死沿线野生动物问题埋下了隐患。

米轨铁路建设对沿线居民带来的负面影响同样不容忽视：其一，铁路建设需要征收大量的土地，而征收的对象往往是那些此前并未与殖民统治者直接发生过联系的部落，因而他们并不同意向铁路工程建设出让土地。但殖民者为了保证铁路建设工期，往往直接采取武力镇压的方式予以强行征收，因此引起沿线各族群的广泛不满与愤慨；其二，由于殖民当局对铁路建设工人的日常生活缺乏有效的管理，加之各个铁路工地普遍存在着食物和饮用水匮乏的问题，因而经常出现铁路建设员工骚扰沿线民众的情况，令原本就关系紧张的铁路建设方与沿线各族群的矛盾进一步走向激化。因此，在窄轨铁路建设的整个过程中，征地问题和扰民问题往往成为引发沿线民众与殖民统治当局爆发武装冲突的导火索。

较为典型的事件是铁路通过马赛人（Masai）、卡伦金人（Kalenjin）的领地时所爆发的武装冲突。在西方殖民者到来之前，这两个族群基本生活在相对封闭的环境之中，对外来者本来就持有较为敌对的情绪。但随着米轨铁路建设带来了征地和扰民问题，从 19 世纪末至 20 世纪初，两大族群相继爆发了反抗英国殖民统治的武装斗争。他们主要采取破坏铁路工地、杀死铁路工人、袭击物资补给运输队等方式，阻挡铁路进一步向西部内陆延伸。一时间，沿线“敌对”民众的武力抗争一度成为迟滞铁路建设的重要因素。为了确保铁路建设如期完成，英国殖民者调集军队进行武装镇压，制造了一起又一起惨案，其中就包括臭名昭著的柯东（Kedong）大屠杀、南迪（Nandi）大屠杀等等。很显然，对于沿线的居民而言，这条窄轨铁路完全是一条凝结着仇恨、屈辱与痛苦回忆的屈辱之路。

在耗时近五年的工程建设之中，窄轨铁路总共耗资 300 万英镑，折合当时的物价而言已经是天文数字般的开支。加之建设难度较高，伤亡人数较多，且所处于的地区是“前文明”地区，发展前景非常不明确，因而窄轨铁路的建设在英国国内受到了巨大的质疑和抨击。很多人指出，处于世纪之交的英国更应该把关注和投资的重点转向英国国内和欧洲本土，特别是在欧洲本土做好应对德国快速崛起并挑战欧洲现有秩序的充足准备，而非浪费纳税人的钱去海外“蛮荒之地”建设一条发展前景尚不明朗的殖民铁路。当时身为英国国会议员的作家亨利·拉布谢尔（Henry Labouchère）将这条耗资巨大，穿越各种危险地区，且发展前景有待进一步观察的铁路称之为“疯狂快线”（Lunatic Express），他曾在一首打趣诗中写道：

> 这条铁路究竟能有什么用？没人知道。
> 这条铁路究竟能承运什么？无人知晓。
> 任凭乔治·寇松说得天花乱坠，好上加好，
> 但这条铁路终究只是一条“疯狂快线”①。
> (What is the use of it, none can conjecture,
> What it will carry, there is none can define,
> And in spite of George Curzon's superior lecture,
> It is clearly naught but a lunatic line.)

3. 米轨铁路的运营

自拉布谢尔提出“疯狂快线”这一称呼之后，这一名称便成为人们对乌干达铁路的命名。然而，窄轨铁路日后所发挥出

---

① Peter Muiruri, “End of Road for First Railway that Defined Kenya's History”, May 31, 2017, http://www.standard media.co.kd/article/2001241674/end-of-road-for-first-railway-that-defined-kenya-s-history.

的作用却超出了拉布谢尔的预测，也证明了英国殖民者对铁路的投资具有相当的战略意义。建成通车后的铁路由英国殖民当局负责运营，众多参与铁路设计和建设的印度籍技术人员和劳工都留在东非当地，成为维系铁路正常运转的骨干力量。铁路通车后的初期，英国主要从印度殖民地运来二手的机车和车辆维持铁路的正常运营。随着铁路的建成通车，英国对东非特别是大湖地区的有效控制力度进一步增强，运输物资和人员的成本进一步降低，一方面，大量的工业制成品和殖民统治人员可以随着铁路深入东非腹地；另一方面，肯尼亚、乌干达两地的各类经济作物和农产品能够源源不断地通过蒙巴萨港输入欧洲市场。铁路也带动了沿线城市的发展，蒙巴萨由此获得了广阔的内陆腹地，为其超越拉穆（Lamu）、桑给巴尔（Zanzibar）、巴加莫约（Bagamoyo）、达累斯萨拉姆（Par-es-Salaam）等东非传统大港，跃居东非第一大港口位置奠定了基础；曾经只是沼泽荒野的内罗毕，因位居整条线路的中间点位置而成为全线重要的铁路枢纽和物资集散地，并逐步开始形成城镇。加之气候宜人，最终取代蒙巴萨成为英国在肯尼亚的统治中心以及东非第一大城市；沃伊、那库鲁（Nakulu）、奈瓦沙（Naivasha）、基苏木也凭借铁路带来的便利交通，发展诸如旅游、鲜花种植、渔业等特色产业，并逐步发展成为肯尼亚的重要城市。总之，窄轨铁路途经之地，逐步成为人口、产业、资源的聚集之地。在整个第一次世界大战期间，窄轨铁路也担当了军事运输命脉的角色，为英国殖民者快速调动物资和人员，彻底击溃德国在东非的军队并且全面控制坦噶尼喀提供了有力保障。

随着坦噶尼喀殖民地以“委任统治”的方式被纳入英国在东非殖民统治的麾下，乌干达铁路开始成为英国在东非打造的北部陆路通道的核心骨干交通线。第一次世界大战结束后，英国开始以乌干达铁路为骨架，修建通往其他地区的支线，除了在沃伊连通坦噶尼喀北部的铁路网之外，还主要修建了以下铁路支线：1926 年通往基塔莱（Kitale）、1927 年通往纳罗莫鲁（Naro Moru）、1929 年通往索罗提（Soroti）、1931 年通往肯尼亚山和乌干达首府坎帕拉，铁路的辐射范围在不断地扩大，乌干达的核心地带开始直接接入东非铁路网。随着英属东非殖民地更名为肯尼亚，1929 年乌干达铁路更名为肯尼亚—乌干达铁路（Kenya-Uganda Railway），并由新建的肯尼亚—乌干达铁路与港口公司（Kenya-Uganda Railway Harbor）负责运营。第二次世界大战结束后，英国在殖民地开发大潮中又不断加强了对窄轨铁路的管控和建设。1948 年，肯尼亚—乌干达铁路与港口公司与坦噶尼喀铁路公司合并组建东非铁路与港口公司（East Africa Railway Harbor Corporation），负责统一运营包括肯尼亚、乌干达在内的所有东非铁路。另外，继续通过延长窄轨铁路来扩大铁路的辐射范围，主要包括 1956 年建成坎帕拉通往乌干达西部城市卡塞塞（Kasese）的延长线，1964 年建成继续向西通往乌干达与刚果（金）边境阿鲁阿（Arua）的延长线，等等。至此，东起蒙巴萨，向西经内罗毕、坎帕拉，通达刚果河流域的铁路大通道全部完全建成通车。

20 世纪 60 年代，肯尼亚、乌干达、坦桑尼亚分别摆脱英国殖民统治获得政治独立，但在铁路运营上仍然继承英国留下的遗产，在东非铁路与港口公司的旗下统一维持三国铁路的运营。进入 20 世纪 70 年代中后期，随着三国在东非一体化问题上的意见分歧不断加大，东非铁路与港口公司随着东非共同体的解体而分崩离析。1977 年之后，肯尼亚境内的米轨铁路由肯尼亚铁路公司（Kenya Railway）负责运营。但由于米轨铁路是英国殖民者留下的产物，肯尼亚人在殖民统治时期并没有大规模地参与过铁路的设计、建设、运营、维护、管理等工作，因而缺乏能够全面接管和独立支撑铁路运营与管理的专业技术人才以及相应的产业，不仅没有生产铁路相关零部件的厂商，而且没有一所培养铁路专业人才的学校。加之在整个 20 世纪 80—90 年代，肯尼亚在整个非洲经济发展不景气的大环境下也难以独善其身，较为有限的经济发展成果也难以为铁路维护和运营管理提供充足的资金支持。至21世纪初期，肯尼亚境内的米轨铁路的情况已经不容乐观：一方面，铁路的实际维护状态较差，独立后的肯尼亚不仅没有新建一条铁路，而且既有铁路的实际运营里程在不断缩水。在2007年年末的大选骚乱中，暴徒们对铁路设施的大肆破坏导致越来越多的路段被迫关停。2012年起，内罗毕往西至基苏木段398公里，即约占肯尼亚境内干线窄轨铁路43%的路段开始停止办理客运，仅维持有限的货运服务；而作为黄金路段的内罗毕至蒙巴萨路段，客运和货运服务也维持在苟延残喘的状态；另一方面，窄轨铁路的技术状态仍然维持在100多年前的殖民统治时期的水平，运量小、时速低、安全性差，既无法承担大宗货物的高效运输，又无法提供方便快捷的客运服务，与平行的A109国道上的公路客货运服务相比，没有任何优势可言。肯尼亚铁路公司虽然在运营管理方面做了诸多尝试，诸如将铁路运营交由具有丰富铁路运营经验的裂谷铁路公司（Rift Valley Railway）负责，但实际效果并不理想，铁路在近年来肯尼亚陆路交通运输中的比重仍然在快速下降。

根据西方相关机构的测算，在蒙巴萨至内罗毕区间改建既有窄轨铁路的投资约为新建一条现代化标准轨铁路的1/3左右，但由于窄轨铁路的技术状态较差，即便进行有限的局部修修补补，也难以克服时速慢、运量小的固有弊端，它所提供的运能、服务与肯尼亚以及整个东非地区快速发展的运输需求之间仍然存在着明显的断层。因此，肯尼亚最终放弃改建既有窄轨铁路，转而新建现代化标准轨铁路是历史发展的必然。

（二）肯尼亚经济社会发展的需求

肯尼亚是东非第一大经济体，也是非洲经济发展最具后劲的引擎之一。2007 年，肯尼亚政府制定了“2030 愿景”（Vision 2030），旨在通过加速发展工业化和现代化进程，确保到 2030 年将肯尼亚建成非洲的新兴工业化和中等发达国家。作为落实“2030 愿景”的具体方案，肯尼亚从 2008 年开始每五年制订一个行动计划，将以现代化标准轨铁路为代表的大型基础设施建设作为破解长期制约国家发展瓶颈的主要切入点。具体而言，肯尼亚希望通过上马现代化标准轨铁路工程，在多个方面实现转变或突破，强力助推国家发展战略的实现。

1. 创造就业机会和提升劳动力素质

长期以来，肯尼亚面临着和众多非洲国家在发展进程中所面临的相同的问题，即全国范围内特别是中心城市相对滞后的产业发展与相对迅速的城市化发展进程严重不匹配，导致全国的失业率特别是年轻人的失业率居高不下。据统计，在“2030 愿景”提出之前，肯尼亚的整体失业率维持在 40% 左右，青年人的失业率维持在 70% 左右，高失业率导致的贫困与社会不稳定因素成为制约肯尼亚实现经济社会实现可持续发展目标的主要障碍①。

自 2008 年开始实施旨在落实“2030 愿景”的第一阶段计划以来，肯尼亚陆续上马了包括公路、学校、医院、港口等基础设施的建设项目，相应提供了数千个就业岗位，对缓解较高的失业率起到了一定的积极作用。2011—2014 年，各个重点工程所雇佣劳动力的总人数呈逐年快速增长态势，年均增速维持在 9.4% 左右②。但对照肯尼亚庞大的失业人群来看，这些积极的

---

① Raphael Obonyo, “Reducing Youth Unemployment in Kenya”, October 15, 2013, World Policy.

② 参见汪段泳：《“铁蛇”垂死，“巨龙”出世——肯尼亚蒙内铁路的前世今生（下）》，太和智库，2016 年 9 月 13 日，https://mp.weixin.qq.com/s/TYc8Ip0pzwoTB0YfryvozA。

增长所带来的进步意义仍然显得有些杯水车薪。而且需要注意的是，即便算上近几年就业率增长的成果，在肯尼亚全国的就业人口之中，能够通过签订正式的劳务合同获得稳定收入的人群占总就业人数的比例仍然只维持在不到20%的比例，大多数就业者仍然只是以打零工、打散工的形式就业，缺乏足够的保障。① 此外，考虑到肯尼亚人口的自然增长率和城市化速度一直维持在相对较高的水平，未来可预见的时期内，仍然将有大量的青年人口涌入内罗毕、蒙巴萨、基苏木等中心城市。面对这一现实问题，肯尼亚迫切需要上马一些投资规模大、建设周期长、社会经济效益好的大型基础设施建设项目，为本国国民提供更多的就业机会。

肯尼亚在人口就业问题上面临的另一个难题是劳动力的素质偏低。肯尼亚中心城市的各类产业因发展相对滞后而无法提供充足的工作机会，劳动力文化素质普遍偏低的情况也导致了劳动力的有效供给严重不足，与现有的产业规划存在着严重的不匹配和明显的断层，导致了大量劳动力被拥有稳定收入的工作岗位拒之门外。就肯尼亚近年来劳动力就业情况来看，接受过大学或者职业教育等专业技能培训的劳动力只占总求职人数约1/3左右。大量劳动力从事散工、短工，不需要任何专业技能，就业的相应部门往往只是小商品零售业、建筑行业中的体力工种，等等。在肯尼亚提出以发展制造业为切入点实现工业化和现代化的背景之下，如果不能改变劳动力的结构，有效提升专业技工所占的比例，那么将难以有效利用新兴经济体开展产业转移的有利契机，宏伟蓝图将难以如期实现。具体来讲，如果肯尼亚不能有效安排本国的劳动力全面参与国际合作项目，

① 参见汪段泳：《"铁蛇"垂死，"巨龙"出世——肯尼亚蒙内铁路的前世今生（下）》，太和智库，2016年9月13日，https://mp.weixin.qq.com/s/TYc8Ip0pzwoTB0YfryvozA。

那么殖民统治时期非洲人被完全排斥在工业化进程之外的悲剧难免不会重演。为此，肯尼亚在推进基础设施建设的同时，也在积极创新项目的建设模式，力图通过引入人才培养机制为本国的发展事业储备必要的人才。

基于以上考虑，肯尼亚选择以建设蒙巴萨至内罗毕的现代化标准轨铁路为突破口，逐步解决肯尼亚在工业化和现代化进程中所面临的劳动力问题。一方面，肯尼亚将把蒙内铁路建设作为创造大量就业机会的绝佳时机。根据肯尼亚方面的预测，蒙内铁路全面开工后，每修建一公里铁路，就能够创造将近100个就业岗位，总体将在五年的工期内为全国提供将近40000个拥有稳定收入的就业岗位，并且将有力拉动肯尼亚当地的钢铁、水泥、电力生产与输送、玻璃制造等多个行业的发展，间接创造数万个就业岗位。铁路正常运营之后，也能长期稳定地给全国提供至少数千个就业岗位。仅此一项指标，蒙内铁路所提供的就业岗位的体量就超越了近十年来肯尼亚上马的各项工程所提供的就业岗位总和，为肯尼亚的劳动力市场注入了强劲的发展动力和宝贵的发展机遇，将成为诸多务工者摆脱失业状态和摆脱贫困状态的极为有利的契机；另一方面，肯尼亚也将推动蒙内铁路建设作为加强能力建设，提升本国劳动力素质的重要举措，即以培养和储备本国的专业技术人才为根本着眼点，在本国开展劳动力领域中的“供给侧”改革。鉴于现代化铁路的设计、建设、运营、维护工作都带有较高的技术含量，肯尼亚要想在日后能够全面、独立、系统地承担现代化铁路的运营和维护工作，避免无法有效运营窄轨铁路的尴尬局面再次出现，就必须培养和储备自己的铁路专业技术人才。

根据蒙内铁路的建设方案，肯尼亚将推动本国人员全程参与铁路建设，在大量解决本地员工就业机会的同时，确保本地员工能够逐步学习相应的技术和理念，即在本国现代化建设实践的阵地上同时搭建就业平台和能力建设平台。蒙内铁路在提供就业和人才培养所带来的溢出效应不仅将全面拉动肯尼亚国内其他行业的快速发展，而且也将为其他东非国家解决类似问题进行了必要的探索。

2. 破解交通运输瓶颈

凭借相对稳定的政局，较为开放的投资营商环境以及相对健全和成熟的法律环境，肯尼亚近年来经济势头发展良好，特别是在全非洲经济增长乏力的情况下，国内生产总值仍然连续多年实现5%以上的增长。2016年肯尼亚完成国内生产总值700亿美元，继续维持东非第一大经济体的地位。与此同时，稳定、开放的投资环境也给肯尼亚经济可持续发展带来了强劲动力。近年来，肯尼亚的海外直接投资不断高涨，2013年其海外直接投资额达到20亿美元，创下东非迄今为止的历史最高纪录。①总体而言，在本国政府较为成功的国际发展战略带动下，肯尼亚近年来的经济发展保持着较高活力。

作为显示经济活跃度的重要晴雨表，肯尼亚交通运输量近年来呈现出直线上升的态势。作为肯尼亚对外开放的门户和最大的交通运输中心，蒙巴萨港近年来吞吐量的迅猛增长颇具代表性。自2013年以来，蒙巴萨港的货物吞吐量持续走高，年均增速维持在9%左右，2016年已经达到2736万吨，稳坐东非第一大港口的交椅，其中不仅有肯尼亚本国进出口的各类物资，还包括乌干达、布隆迪、卢旺达、南苏丹、刚果（金）的进出口物资。

但在蒙巴萨港运量持续走高的情况下，作为联系蒙巴萨港及其内陆辐射腹地的陆路交通干线却愈发表现出难以协同发展的疲态。如前所述，窄轨铁路在运量和时速上根本不占优势，

① 参见“Trading Economics：Kenya”，https：//tradingeconomics.com/kenya/indicators。

其实际承运的货物总量在蒙巴萨港口吞吐的货物总量中所占的比重已经跌破4%，几乎可以忽略不计。特别是在全世界水运、铁路、公路、航空多式联运浪潮兴起的大背景下，越来越多的货物选择以更为便捷的集装箱模式进出蒙巴萨港，近年来蒙巴萨港集装箱进出港的增速远远超过散货，年均增速维持在两位数以上。2016年，蒙巴萨港的集装箱吞吐量已经达到200万个，总吨位占本港货物总吞吐量的半壁江山。按照目前的发展态势，到2020年肯尼亚落实“2030愿景”的中期阶段，蒙巴萨港的集装箱吞吐量将更上一个台阶，预计超过300万标准箱，成为进出港货物的主流运输形式。很显然，窄轨铁路的行车密度、速度和装载量，特别是由于车体过窄而无法承运大型集装箱的弊端，使之根本不可能适应港口的快速发展，必然在与公路的竞争中率先被淘汰出局。

蒙内铁路通车前，公路运输扮演着为蒙巴萨港货物特别是集装箱集散和疏解的关键性角色，但其局限性也十分明显：其一，单位运量过小，每台卡车牵引车只能拖挂两个小型集装箱或者一个大型集装箱，运载量只相当于标准轨铁路一节货车车厢；其二，运营时间不稳定，受道路上各类不可控因素的影响较多，难以保证货物的准时准点的装卸与运输；其三，公路资源相对有限，难以适应卡车数量的快速增长，势必因拥堵造成运输效率的进一步下降。

事实上，伴随着蒙巴萨港近年来的快速发展，与窄轨铁路平行的A109国道上的交通量不断飙升，特别是内罗毕至蒙巴萨区间的道路交通负担异常明显，常常出现严重的交通拥堵，导致蒙内区间500多公里的路程，卡车运输通常要耗时15个小时以上。公路运输中越来越明显的“肠梗阻”问题不仅导致了蒙巴萨港的货物的积压，而且使整个陆路运输的效率维持在极其低下的水平，进而致使运营成本陷入居高不下的恶性循环之中。很显然，这种现有的低效率运输体系根本无法满足肯尼亚经济发展所带来的物流需求。

以世界主要经济体的发展经验来看，铁路在长距离、大宗货物运输上占有十分明显的优势。在正常运营的情况下，不仅单位编组列车的运量是同等情况下公路运输的数十倍，而且运营成本要更为低廉。在改造既有窄轨铁路价值不大，加宽 A109 国道也是杯水车薪的情况下，肯尼亚最终选择建设一条现代化标准轨铁路作为解决方案，并且把“肠梗阻”现象最为明显的蒙巴萨至内罗毕区间作为优先实施的对象。通过谋划建设蒙内铁路，肯尼亚将充分释放蒙巴萨至内罗毕区间的运能，将窄轨铁路无法承担以及公路运输难以全部承担的货运重任特别是集装箱运输重任全部转移到现代化标准轨铁路上来，逐步构建以现代化标准轨铁路为核心骨干，公路运输相互配合的现代化交通运输格局，彻底解决交通运输瓶颈的问题。

3. 加快产业升级步伐

肯尼亚制造业的发展在整个东非地区甚至是撒哈拉以南的非洲都处于较为领先的地位。自进入 21 世纪以来，肯尼亚的制造业一直处于较快的发展阶段，成为推动国民经济发展的重要强劲动力之一。在肯尼亚制定的“2030 愿景”之中，制造业的发展被列为推动全国实现工业化和现代化的重要途径。

作为推动制造业实现快速发展的具体战略，肯尼亚目前已经确定了一些关键性领域作为优先实施领域，并且制定了较为详尽的发展目标，以期引导工业实现快速发展。这些主要措施包括：从产业的空间发展来看，肯尼亚主要推动产业园区的建设，为相关产业的引进提供便利的一站式服务，同时推动相关上下游产业在园区内的聚集，形成若干能够辐射带动周边乃至全国发展的产业集群高地；从产业发展的结构方面来看，肯尼亚主要将装备制造业的发展列为推动制造业发展的重中之重，着力吸引国内外投资者进入钢铁行业、化肥制造业、农业加工业、机床和机械制造业、汽车装配和零件制造等领域。在实际操作过程中，两大发展战略通常合二为一执行，以推动产业园区建设作为具体落实方式。2010 年以来，肯尼亚已经通过对外合作或者自己出资等多种方式，在蒙巴萨至内罗毕区间建成或者规划建设多个产业园区，使该区间作为肯尼亚全国的产业聚集高地和经济黄金走廊的地位愈发凸显。

但在实际操作层面，肯尼亚以产业园区发展带动工业化和现代化的发展战略设想仍然在两个层面上面临着巨大挑战：一方面，如前文所述，由于窄轨铁路已经几乎丧失了所有的经济运输价值，因而蒙内区间的各个园区的建设、运营、管理、发展全部都要高度依赖 A109 国道上公路运输，而这些新增的人员和物资运输需求不仅成为拉动蒙巴萨港吞吐量快速增长的主要动力之一，也毫无疑问地成为导致公路运输越来越呈现高负荷运转态势的重要成因之一。随着公路运输所释放运能越来越不能满足工业园区发展所带来的全新运输压力，公路运输开始频繁出现的严重拥堵不仅会严重制约区间运输效率，而且会使运输的成本显著增加。对尚处于发展初期阶段的肯尼亚工业化进程而言，低效率和高成本交通运输模式的存在将会严重制约人员、货物、资金、服务等生产要素的自由流动，不利于肯尼亚自身的产业发展，使工业化的初期发展丧失极为重要的成本优势。因此，尽快提供充足的运能和高效的运输方式对于确保产业园区的顺利建成和成功经营具有十分重要的意义。

另一方面，长期以来肯尼亚虽然把装备制造业作为国家工业化发展战略的优先切入点，但受制于自身的一些弱势和不足，近年来工业化的总体成果在规模和效益方面虽然都呈现出较为喜人的态势，但从结构上来看仍然不容乐观，与肯尼亚政府设定的目标仍然相距甚远。截至目前，肯尼亚的工业化成果仍然停留在较为初级的阶段，主要集中在农产品的初级加工、矿产开采、建筑材料初级生产等行业，特别是部分劳动密集型的产业，以高级原材料的生产、机械设计与制造为核心内容的装备制造业的发展仍然乏善可陈，产业结构向上升级的天花板依然十分明显。如果不尽快改变这种工业化的结构，只能吸引初级或低端产业入驻的各个产业园区会在含金量上大打折扣。基于这种考虑，肯尼亚需要以上马大型基础设施建设为契机，特别是通过与外方合作承担工程建设，确保合作方的技术向本国转移，逐步推动与工程建设相关的装备的制造和维护保养产业落户本国相应的产业园区，通过打造相关产业集群和制造业高地的方式突破产业升级的顶板。

蒙内铁路的建设将有力解决肯尼亚在上述两个方面面临的问题与挑战。从运输效能方面来看，蒙内铁路每小时 80—120 公里的客货运列车时速以及 2000 万吨的设计年运输量完全能够提供充足的运能和高效的运输方式，可有效满足沿线各个产业园区对于现代化运输的需求。从产业转移方面来看，由于蒙内铁路全面采取中国技术标准，无论是建设过程中的工程设备还是运营阶段的车辆设备都来自中国。为了推进铁路运营和管理的完全本土化，中国将逐步实现向肯尼亚的技术转移，推动设备的维护保养业务乃至零配件制造业务逐步落地肯尼亚。在此技术转移过程中，肯尼亚可以充分发挥后发优势，以中国的技术平台为依托，逐步实现在装备制造业上的突破。

（三）东非区域一体化深入发展的结果

东非各国山水相连、文化相似，近年来政局总体保持长期稳定，为次区域的一体化发展提供了较为稳定的前提环境。截至目前，东非共同体框架下的次区域一体化发展如火如荼，东非地区是撒哈拉以南非洲一体化程度较高的地区。持续深入推进的一体化发展带来了各种生产要素的大规模跨国流动，对包括交通运输方式以及各国对未来如何进一步加强一体化建设的战略设想都提出了更高要求。通过建设现代化标准轨铁路，肯尼亚不仅能够打通横亘于东非国家之间的交通瓶颈，而且可以进一步巩固自身在东非交通枢纽的优势地位。

1. 东非各国迫切要求实现铁路互联互通

东非地区是整个撒哈拉以南非洲一体化程度发展相对较高的次区域之一，除了肯尼亚、坦桑尼亚、乌干达三国共同组建的东非共同体之外，还有东南部非洲共同市场等次区域一体化机制。截至目前，东非区域内的各国都已经参与到一体化机制中，并且已经实现从建设关税同盟到共同市场的历史进程。在次区域一体化深入发展的带动之下，近年来东非区域内的贸易呈现出较快发展态势。区域一体化带动下的日益紧密的经贸联系让东非国家对相互之间推进基础设施的互联互通提出了更高要求。事实上，早在殖民统治时期，肯尼亚、坦桑尼亚、乌干达三地已经在英国殖民统治的麾下实现了以窄轨铁路为基础的互联互通，并且这种互联互通的基本格局一直延续到现在。但是，随着东非一体化进程的持续、深入推进，这种殖民时代遗留下来的以窄轨铁路为基础的互联互通格局已然无法适应时代发展的需求，主要在两个方面表现出明显的局限性。

一方面，肯尼亚、坦桑尼亚、乌干达三国以窄轨铁路为基础的互联互通格局仅仅表现在形式上，即仅仅维持着铁轨的连通，但并不存在相互贯通的客货运服务。肯尼亚沃伊至坦桑尼亚乞力马扎罗的窄轨铁路联络线长期处于断行状态，而内罗毕往西通往乌干达坎帕拉的窄轨铁路的实际运营状况也不容乐观。目前，三国之间的交通联系和国际客货运输主要依靠公路运输。但在区域内贸易大幅上涨的背景下，公路运输已经愈发显现出疲态，愈发不能适应现代运输发展的需求。这种情况在肯尼亚境内表现得尤为明显。蒙巴萨港因其特殊的地理位置，除了承担肯尼亚境内的物资进出口之外，还要承担乌干达、卢旺达、布隆迪等大湖地区内陆国家的物资转口，转口物资的比例已经占到总吞吐量近50%，其中以乌干达占据的份额最大，且维持较快的年均增长速度。同理，由蒙巴萨港通往西部内陆地区的公路和窄轨铁路在承担肯尼亚进出口物资之外，也要承运乌干达等国的转口物资。如前所述，无论是蒙巴萨港出现的货物激增还是A109国道上存在的严重交通拥堵，除了肯尼亚本地的进出口物资之外，还有包括以乌干达为代表的大湖地区等内陆国家的商品和物资。因此，肯尼亚境内尤其是蒙内区间存在的窄轨铁路运输不畅、公路运输超负荷运转的情况不仅严重制约肯尼亚自身的交通运输发展和相关产业的发展，同时也严重制约了以乌干达为代表的东非内陆国家借助次区域一体化带来的便利发展对外经贸合作的尝试。

另一方面，从空间分布上来讲，殖民统治遗留下的既有窄轨铁路的覆盖范围十分有限。除了坦赞铁路之外，东非所有国家在独立之后都没有新建一条铁路，这也导致了英国殖民统治遗留下的既有窄轨铁路的覆盖范围仍然大体停留在19世纪的水平上。从整个东非区域来看，既有窄轨铁路仍然只分布于英国殖民统治过的地区，即肯尼亚、坦桑尼亚、乌干达三个国家，曾经在比利时殖民统治之下的卢旺达、布隆迪两地至今仍然处于路网空白状态；新近入盟东共体的南苏丹同样是一寸铁轨都没有。随着东共体成员国的不断增多，铁路对成员国的覆盖率已经从先前的100%下降到目前的50%。从拥有窄轨铁路的肯尼亚、坦桑尼亚、乌干达三国的实际情况来看，形势同样不容乐观。如前所述，除坦桑尼亚与中国联合建设了通往赞比西河流域的坦赞铁路之外，三国由于没有新建铁路，导致铁路的辐射和覆盖范围较之殖民统治时期没有任何增长。此外，由于资金、技术、人员匮乏导致的管理不善等原因，铁路的实际可用里程在不断下降，导致铁路的实际服务范围和群体不升反降。如前所述，肯尼亚目前的窄轨铁路仅维持在以蒙巴萨至内罗毕区间的运营为主，其他的线路基本处于半停运状态，在整个国家的陆路运输格局中处于极度边缘化的地位。

综上所述，以现有技术状态、实际保养状态、当前运营状态都不佳的既有窄轨铁路去应对东非此区域一体化不断深化发展带来的激增的物流运输要求，必然会显得力不从心。在各国相继认识到仅靠公路运输将难以满足东非区域内跨国大宗运输需求的背景之下，以铁路建设作为推动各国交通基础设施互联互通的切入点便显得尤为重要。

早在 2009 年，东共体成员国交通部长联合签署《东非铁路发展规划方案》（*East Africa Railway Master Plan*），开始将推动区域内的铁路建设作为支持成员国间一体化建设的重要抓手。《方案》为改变自政治独立以来，东非没有新建一条铁路线路（坦赞铁路除外），既有窄轨铁路维护保养不善，铁路在现代化运输格局中日益边缘化的不利境地，将在多个方面强力推动东非铁路建设，重振铁路在东非的地位，巩固东非作为非洲铁路密度最大的地区之一的优势地位。

根据《方案》的规划，东非国家将在以下几个方面着力推动铁路建设：其一，全面提升改造既有窄轨铁路，着力解决既有线年久失修导致的运力低下的问题，主要在拥有既有窄轨铁路的肯尼亚、坦桑尼亚、乌干达开展；其二，积极谋划建设现代化标准轨铁路，全面适应东非近年来快速发展的物流运输的要求，主要是在所有东非国家开展此项工作，特别是对于目前尚处于路网空白状态的国家，可以借此充分发挥后发优势，一步到位建设与现在交通发展相适应的先进铁路；其三，全面加强国际铁路通道建设，即全面推进东非各国铁路建设的同时，实现各国间铁路的互联互通，为推进次区域一体化建设作出应有的贡献。

自《方案》签署以来，东非各国分别制定了相应的铁路发展规划。其中，作为东非第一大经济体的肯尼亚，将推进铁路建设列入其“2030 愿景”中交通基础设施建设的优先推进项目，并选择以建设现代化标准轨铁路作为撬动本国乃至东非铁路建设的支点。根据规划，肯尼亚在建成蒙巴萨至内罗毕区间的现代化标准轨铁路之后，还将推动铁路的西延建设，最终建成沟通乌干达、卢旺达、布隆迪、南苏丹的东非铁路网，为东非国家之间的跨国运输提供互联互通的现代化运输通道。

2. 东非地缘政治博弈

东非地区较高水平的一体化成果是与各个东非国家之间的协同合作密不可分的，但与此同时，东非各国在这个地缘政治圈子中也广泛地存在着相互博弈。第一代东非共同体的解体就是因为肯尼亚、坦桑尼亚、乌干达在相互博弈中难以达成利益一致，而导致基于殖民统治时期合作关系的第一代东共体分崩离析。在当前的东共体的框架下，各成员国的博弈依然存在，基本格局表现为肯尼亚、坦桑尼亚两大经济体相互竞争，争夺东非地缘政治的领导权；乌干达在两者之间维持平衡；其他成员国处于观望状态。作为东非地缘政治中各国相互博弈的最主要矛盾，肯尼亚与坦桑尼亚的竞争不仅贯穿于两国的发展战略之中，也深刻地表现在东非此区域一体化领导权的争夺之中。结合东非区域内南北向运输量要远远小于东西向运输量，肯尼亚、坦桑尼亚分别规划了以海港、干线铁路为主要内容的通往内陆地区的跨国运输通道。例如，肯尼亚联合乌干达、卢旺达谋划以蒙巴萨港为起点，沿着既有窄轨铁路通往大湖地区北部区域的国际铁路运输通道，即东非北部国际通道，并通过建设现代化标准轨铁路，构筑蒙巴萨经内罗毕、坎帕拉到基加利（Kigali）的高效国际陆路通道。此举将进一步扩大蒙巴萨港的辐射范围，进一步巩固蒙巴萨港作为东非第一大港口的地位，进一步奠定其作为东非对外开放门户的地位。坦桑尼亚则是联合布隆迪、卢旺达，谋划以达累斯萨拉姆港为起点，沿既有中央铁路的通道一路向西，建设经莫罗戈罗（Morogoro）、多多马（Dodoma）、伊萨卡（Isaka）至布琼布拉（Bujumbura）、基加利的现代化标准轨铁路，构建东非南部国际铁路大通道。此举将有助于改善达累斯萨拉姆港的配套交通设施，扩大港口在东非内陆的辐射腹地，进而增强其与蒙巴萨港竞争东非第一大港口的能力。

事实上，肯尼亚、坦桑尼亚构筑“港口+现代化标准轨铁路”模式的国际陆路运输大通道的战略完全一样，具体途径都是选择新建现代化标准轨铁路，而根本目的都是争抢内陆地区的转口货物资源以及由此带来的巨额经济利益，本质是为了在以区域一体化的东非地缘政治格局中不断巩固自身的优势和领导地位。在南苏丹加入东共体之前，各个成员国分布大体均衡，两大经济体位列赤道两侧呈现对称分布格局，三个内陆国家与两大经济体呈现东西分布格局，大体上以肯尼亚、坦桑尼亚两国交界处偏北处为轴线，呈现南北串列式分布。在这种空间分布格局之下，南北两大国际陆路通道各有优势：对于位置偏北的乌干达而言，选择对接肯尼亚的铁路并且经蒙巴萨港出海，无疑是最为便捷的出海陆路通道；对于位置靠南的布隆迪来说，经坦桑尼亚的铁路通道前往达累斯萨拉姆港出海，在距离上要更占优势；对于位置相对居中的卢旺达来说，则走肯尼亚、坦桑尼亚南北两线的距离没有太大的差别，均可以实现出海的目标。因此，在这种形势下，南北通道的战略价值大体均等，因此长期处于势均力敌的状态。但是随着2011年南苏丹独立，该国迫切希望摆脱没有出海口的内陆国的不利境地以及与苏丹交恶带来的封锁，因而急切希望转头向南，融入东非的地缘政治圈子，而其核心要务就是尽快打通通往东非国家的陆路交通道路，特别确定物资进出海港口，而最为便捷的选择就是肯尼亚。南苏丹融入东非地缘政治圈特别是加入成为东共体成员国之后，60多万平方公里土地以及数百万人口的加入使东非的地理重心开始向赤道以北转移。伴随着这种变化，北部通道的战略价值显著上升，不仅可以向南连通乌干达、卢旺达甚至是布隆迪等大湖地区内陆国家，还可以向北连通萨赫勒东南部地区，即升级为两地出海通道相互叠加的复合国际陆路通道，通达范围和重要意义都要超越南部通道一筹。正式基于这种考虑，肯尼亚加速通过规划来强化自身在东非一体化中的优势地位。除了北部通道之外，肯尼亚又联合南苏丹制定了有关走拉穆港出海的拉穆走廊通道计划。无论是北部通道还是拉穆通道，其根本目的都是尽可能多地将东非内陆国家拉入以自身基础设施建设为核心的一体化圈子之中，在自身驾驶的一体化的大车上拉拢越来越多的乘客，进而巩固自身在东非一体化领域中的领军者地位。综上所述，肯尼亚启动蒙巴萨至内罗毕的现代化标准轨铁路，是进一步升级其北部通道黄金路段的竞争力，抢在坦桑尼亚之前完成国际陆路运输通道升级改造，提升自身在东非一体化中的桥头堡地位的必由之举。

第二章　蒙内铁路的建设

蒙内铁路是中国在中非合作论坛特别是“一带一路”倡议框架下与非洲开展的规模最大的合作项目，也是非洲自摆脱殖民统治以来与中国开展的最大规模的合作项目。蒙内铁路的顺利开工建设以及如期建成通车，标志着中国与肯尼亚的合作迈上了一个新的高度。无论是在建设阶段还是开通运营后的阶段，中国充分利用其改革开放四十年以来取得的铁路技术成就，全面服务于肯尼亚的现实发展需求，创造了一个又一个奇迹，将蒙内铁路塑造成为新时代中肯两国友谊的丰碑。

（一）持续深化的中肯合作关系

肯尼亚在东非所占据的亚非要冲、海陆兼顾的优越地理位置以及近年来在中非合作论坛框架下特别是在“一带一路”倡议框架下与中国不断深化发展的双边关系，都决定了肯尼亚无论是在空间上还是在逻辑上，都在中国发展对非洲关系中牢牢地占据着桥头堡和前沿窗口的地位。这种特有的优势为中肯两国在新时代合作提出以蒙内铁路为代表的大型基础设施项目，提供了必要的强大内部动力和良好的外部环境。

1. 肯尼亚拥有对接中国“一带一路”倡议的地理优势

蒙内铁路是近年来中国与非洲国家合作建设的最具代表性

的工程项目之一，是中国与肯尼亚全面深化合作关系所结出的丰硕成果。这种成果的取得离不开肯尼亚拥有的对接中国的各类天然优势。

从地理位置上来看，肯尼亚拥有着对接“一带一路”倡议的天然优势。肯尼亚所在的东非地区地处广义上的亚洲与非洲的交界地区，地理位置十分重要，自古以来就是非洲面向亚洲交流的桥头堡。东非各国的斯瓦西里文化就是非洲本土的班图文化在西亚阿拉伯文化影响下结出的丰硕成果，而蒙巴萨、拉穆、巴加莫约、达累斯萨拉姆等港口更是长期扮演着非洲印度洋沿岸与阿拉伯半岛交流的门户枢纽的角色，桑给巴尔岛更是长期成为阿曼王朝的统治中心。明朝时期的郑和下西洋船队，也抵达了包括肯尼亚在内的东非沿海地区，开启了中非直接交流的历史大幕。近代地理大发现和新航路开辟之后，东非地区又成为亚洲通往非洲印度洋沿岸航线以及绕道好望角通往非洲大西洋沿岸乃至欧洲航线的必经之路。即便是在苏伊士运河开通之后分流了部分亚欧航运的情况下，东非仍然是亚太地区绕道好望角前往非洲大西洋海岸线以及欧洲地区航线的必经之路，战略地位无可取代。在中国提出以“一带一路”倡议为基础，全面深化与世界各国的合作伙伴关系的大背景之下，东非地区的地理优势更是得到了充分发挥。从中国的顶层设计来看，亚太地区通往非洲印度洋海岸线以及借道苏伊士运河或好望角通往非洲西部乃至欧洲的航线是21世纪海上丝绸之路的重要组成部分。而作为本条航线上的战略要地，东非地区理所当然地要在对接中国的战略上走在最前沿。与经由中亚、西亚、东北非通往撒哈拉以南非洲的陆上丝绸之路相比，以航运为基础的海上丝绸之路不仅可以有效避开西亚局势不稳定的部分地区，而且有效规避了因穿越多个国家而带来的海关多次查验、铁路轨距不统一等问题带来的运输不畅的现象，大幅提高了国际运输效率。这些天然优势方便肯尼亚通过海上丝绸之路连接中国。

东非地区的另一大地理优势在于可以更为高效地发挥中国与非洲内陆之间的联系和转换枢纽的角色。与东非地区类似，以吉布提、厄立特里亚、索马里为代表的非洲之角地区、以南非、莫桑比克为代表的南部非洲地区都处于非洲的印度洋海岸线上，都是中国的海上丝绸之路可以便捷通达的地区。但是，如若将非洲和中国作为一个相互联系的有机整体来看，则相比非洲之角、南部非洲等地区，东非可以更好地发挥连接中非双方的转换枢纽的角色。这种显著的地理优势主要体现在以下几个方面：其一，在距离方面具有明显的优势。在整个非洲的印度洋海岸线上，东非地区大体对称分布在赤道南北两侧，处于印度洋海岸线的中间地带。对于位于从北半球的中国来的航线而言，位置适中的东非在距离上具有明显的优势。对于非洲之角地区而言，东非的距离优势或许并不明显，但是与位于南半球的莫桑比克、南非相比，中国通往东非港口的距离要平均节省 5000 公里以上，是相比之下更为便捷的航线选择。其二，在安全性方面更胜一筹。非洲之角因常年处于连续的动荡之中，被称为非洲的火药桶。尽管与吉布提港进出港运输密切相关的吉布提、埃塞俄比亚两国的政局长期稳定，但区域内仍然存在着索马里内战、厄立特里亚与吉布提领土争端、埃塞俄比亚与厄立特里亚长期交恶等潜在矛盾，特别是在索马里恐怖主义势力仍然肆虐，未来发展局势仍不明朗的情况下，中国通往非洲之角地区的航线仍然在安全性上要处于优势。其三，港口设施相对要更为完善。在非洲印度洋沿岸吞吐量最大的五大港口中，其中的两大港口都位于东非地区，分别是肯尼亚的蒙巴萨和坦桑尼亚的达累斯萨拉姆。相比其他港口，东非这两大港口不仅拥有较为完备的散货和集装箱装卸设施，而且拥有较为完备的铁路、公路网络与之配套，能够较为高效和便捷地集结和分拨物资，以及能够更为系统和完备地发挥衔接海路运输和陆路运输的节点转换作用，因此更加适合作为中国提出的 21 世纪海上丝绸之路在非洲的登陆点，承接中非之间以航运为基础的大规模贸易发展；其四，东非地区的辐射腹地较广。相比非洲之角、南部非洲的港口只能直接辐射到所在国以及同一个次区域内的其他国家，而对次区域外的影响力相对较小，而东非地区由于位置居中，辐射和影响的范围相比之下要更为广泛。东非两大港口不仅能够辐射肯尼亚、坦桑尼亚两国，而且还是乌干达、布隆迪、卢旺达、南苏丹等其他内陆国家的唯一出海口。除此之外，东非地区自古以来就是刚果河流域东部、赞比西河北部、萨赫勒地带东部等区域最为便捷的出海通道。无论是对于古代的商人还是对于近代的西方殖民统治者而言，东非地区都是他们前往这些内陆地区的重要桥头堡。时至今日，这些内陆地区也可以通过公路、铁路较为便捷地前往东非地区，而东非地区仍然是这些地区对外交流的窗口与平台。简而言之，如果中国与东非地区直接建立对接关系，那么则可以更为高效地与非洲其他地区建立直接联系。

综上所述，在中国提出“一带一路”倡议的背景之下，非洲的优势在于通过21世纪海上丝绸之路与中国建立联系，而相比非洲其他地区，东非则更适合成为沟通中国与非洲大陆之间的连接器和转换阀。而作为东非第一大经济体的肯尼亚，无疑将凭借其更具活力的经济发展以及相对更为完备的基础设施，在中非进一步融合和交流中发挥更为先锋性的作用。在这种形势下，中国与肯尼亚合作建设蒙巴萨至内罗毕的现代化标准轨铁路，是进一步巩固和放大肯尼亚在东非以及东非在整个非洲对接中国地理优势的必由之举。铁路的建设将成为21世纪海上丝绸之路向非洲内陆的有机延伸。蒙内铁路项目的上马，就是肯尼亚充分发挥自身地理优势，充分对接中国提出“一带一路”倡议所结出的丰硕成果。

2. 中国与肯尼亚拥有良好的双边关系

除了优势明显的地理位置之外，肯尼亚长期以来与中国一直保持的良好合作关系也是推动两国在建设现代化标准轨铁路工程上开展全面合作的重要基础。自1963年中肯两国建交以来，双方政治互信不断加深，高层互访频繁。2017年肯尼亚总统肯雅塔参加在北京举行的“一带一路”国际合作高峰论坛后，中肯两国的关系进一步升级。在经贸关系领域，肯尼亚长期以来都是中国在东非重要的合作伙伴。自两国建交以来特别是中国改革开放以来，中肯经贸合作快速发展，2011年中国超越英国成为肯尼亚最大贸易伙伴。截至2017年，肯尼亚位列中国对非洲贸易前十大伙伴的行列，双边贸易额达到52.03亿美元。在技术援助领域，中国先后为肯尼亚援建了包括卡通都医院、莫伊国际体育中心、甘波基—塞勒姆公路、玉米粉加工厂等。在其他交流领域，肯尼亚也一直处于中国对非交流的最前沿，不仅内罗毕大学孔子学院是中国在非洲建立的第一所孔子学院，而且以新华社、中国中央电视台、中国日报为代表的媒体都在内罗毕建立了非洲总分社。总体而言，双边关系经历了全面深化的发展阶段。

自中非合作论坛机制设立以来，特别是中国提出“一带一路”倡议机制以来，中国与肯尼亚的关系不断深化发展。以下几个领域的变化和成果，成为奠定新时期中国与肯尼亚关系的重要支柱。

政治关系领域，双方的政治合作关系不断加深。在原有不断深化的政治互信的基础上，近五年以来中肯政治关系经历了快速的深化和发展。2013年8月，肯尼亚总统肯雅塔在任期内首次访问中国，并与中国国家主席习近平举行会谈，双方一致同意以平等互信、互利共赢等原则为指导，将两国关系升级为全面合作伙伴关系。2017年5月，肯雅塔总统第二次访华，参加在北京举行的“一带一路”国际合作高峰论坛。双方肯定了全面合作关系建立以来，中肯双边关系发展所取得的丰硕成果，并且一致认为自2013年以来的中肯关系，是历史上的最好时期。在此基础上，中肯双方领导人一致同意将中肯关系升级为全面战略合作伙伴关系。中国和肯尼亚双边关系的升级不仅是对过去五年以来双方快速和深化发展的双边关系的认可和总结，更是对未来继续深化两国关系的根本性指导和鞭策。

经贸关系领域，两国的关系在深化发展的同时不断得到优化。自改革开放以来，中肯两国的经贸关系持续快速发展，双边贸易额总量不断提升，中国和肯尼亚分别在对方的对外贸易地位中的地位不断提升。2015 年，中国超越印度，成为肯尼亚的第一大贸易伙伴，而且这种优势地位至今一直在得到巩固；肯尼亚在中国对非洲贸易的地位也在显著上升，截至 2017 年，肯尼亚位列中国对非第六大贸易伙伴，东非第一大贸易伙伴，且未来仍然有快速上升的趋势。在中肯经贸关系快速发展的同时，双边经贸关系的结构也在不断优化。在中肯双边经贸关系中，中国主要向肯尼亚出口纺织品、机械工业制成品，肯尼亚则主要向中国出口以咖啡、红茶、干果为代表的农产品。从贸易额上来看，长期以来中国对肯尼亚出口要大于从肯尼亚的进口额，且随着中肯贸易的快速发展，肯尼亚在双边经贸关系中的逆差不断增大。为妥善解决中肯经贸关系中的不利结构，以互利共赢的原则为指导确保两国经贸关系的可持续发展，自 2013 年中肯建立全面合作伙伴关系以来，中国不断加大对肯尼亚的进口力度，以此来带动肯尼亚国内相关产业的发展。2017 年，中肯双边贸易额达到 52.03 亿美元，其中中方出口肯尼亚 50.36 亿美元，同比下降 8.48%，从肯尼亚进口 1.67 亿美元，同比增长 71.84%，达到历年最高水平①。

在技术合作领域，肯尼亚成为中非产能合作先行先试示范国。相比大多数非洲国家，肯尼亚的本土工业化成果相对较为

① 以上数据来源于中国驻肯尼亚大使馆，http://www.fmprc.gov.cn/ce/ceke/chn/sbgx/t830096.htm。

突出，同时拥有相对健全的交通基础设施、劳动技能相对较高的劳动力、相对健全的法律，加之近年来经济高速增长，具备同外界加强合作，通过承接产业转移来进一步带动本国工业化发展的前提条件。自中非合作论坛机制成立以来，部分中国企业已经开始涉足与肯尼亚开展产能合作项目，并建成了以武夷工业园为代表的一批项目。正是着眼于肯尼亚自身良好的条件以及中国企业已经在当地取得的优势成果，2015 年中非合作论坛约翰内斯堡峰会制定的行动计划提出未来三年同非洲开展“十大合作计划”，其中的中非工业化合作计划将肯尼亚列为中非产能合作先行先试的示范国，未来将作为中非产能合作的优先推进和重点实施对象，支持肯尼亚在中国与非洲开展工业化合作进程中开展引领带动作用。这一政策的出台将中国国内正在推行的调结构、去产能为主要内容的“供给侧改革”与肯尼亚发展制造业特别是装备制造业为核心内容的“2063 年愿景”中的工业化发展战略实现了有机融合，未来不仅将以全面开展产能合作的方式积极引领中国企业走进肯尼亚，而且也有效推动肯尼亚将中国列为对外开展工业化合作以及承接产业转移的优先合作对象，进而为两国未来的合作寻找到新的支点。

在基础设施建设领域，肯尼亚是中国“三网一化”建设的重要国家。除了前文所述的工业化之外，铁路、高速公路、区域航空三大网络建设也将成为中国对非洲建设的重点。近年来，由于肯尼亚本国经济的高速发展以及东非此区域一体化进程的深入推进，肯尼亚对交通基础设施建设的要求越来越强烈，不仅包括新建或升级改造本国既有老旧的交通线路，也包括推进与周边国家特别是东非次区域内部国家的交通设施的互联互通建设。中肯关系的快速发展也为中国企业挺进肯尼亚创造了良好的机遇。中国在肯尼亚的工程建设市场占有重要位置，是该国最大的承包国之一，并且有相当一部分工程集中在交通基础设施领域，改建或新建了诸如 A102 国道、内罗毕东南环城路等一大批交通工程，无论是工程承包量还是承包价值总额在撒哈拉以南非洲都位居前列。“十大合作计划”将推进非洲基础设施建设列为中非合作关系的重点，进一步强化了“三网一化”建设作为新时期中非关系发展的支柱地位，成为“一带一路”倡议在非洲付诸实践的具体内容之一。肯尼亚作为中国建筑承包的主要阵地，加之具有十分重要的战略地位，自然成为中国在东非乃至整个非洲推进“三网一化”建设的前沿阵地。

结合以上中肯合作关系中的成果和优势，中国成为肯尼亚在推进以交通基础设施为切入点的现代化战略中扮演着至关重要的角色。如果说肯尼亚的优势地理位置为推动中国与肯尼亚在铁路建设上相互接触提供了可能性，那么中国对肯尼亚诸多优势政策叠加所造就的中肯关系的良好发展现状则为中肯合作建设现代化标准轨铁路奠定了现实基础。

（二）中国资金、技术、理念支持肯尼亚铁路建设

作为中国在新时期、全新政策框架下与非洲国家合作建设的现代化标准轨铁路，蒙内铁路体现了诸多的创新之处。与40多年前中国同样在东非地区援建的坦赞铁路相比，蒙内铁路从融资、设计、建造等方面都体现了中国在铁路建设领域中的新理念、新技术、新战略、新装备、新模式，为在中肯两国合作新时期保质保量地完成铁路建设提供了必要的支撑与坚实的保障。

1. 中肯双方合作融资

作为大型交通基础设施项目，铁路建设具有投资大、建设周期长、成本回收慢等特点。因此，对于经济实力相对薄弱的大多数发展中国家而言，铁路建设所需要一次性投入的巨额资

金往往超出本国的经济承受能力，因而资金问题往往成为制约广大发展中国家开展铁路建设的第一道障碍。包括肯尼亚在内的东非国家同样在铁路建设方面面临类似问题的困扰，就肯尼亚方面而言，资金的缺乏成为其长期以来既无力有效维护既有窄轨铁路，又无法升级改造老旧铁路线路的重要原因。放在东非范围内来看，2009 年东非各国签订的《东非铁路发展规划方案》中预计升级改造、新建相应铁路线路的总体投资大概为 480 亿美元，约占当时东非共同体五国当年度国内生产总值的 50%，严重超出了各国的经济承受能力，这也成为无论是东非的总体铁路规划还是东非各国的铁路规划连续多年都未能从蓝图转化为现实的重要成因。作为东非第一个试水现代化标准轨铁路建设的国家和项目，肯尼亚提出的蒙巴萨至内罗毕标准轨铁路能否完成破冰之旅的首要条件在于妥善解决融资的问题。按照 2014 年肯尼亚与中国签订铁路建设合同时的造价来算，总长约 480 公里的蒙内铁路需要总共投资 38.04 亿美元，折合每公里造价 790 万美元，而当年度肯尼亚全国的国内生产总值只有 200 亿美元。仅蒙内铁路一项工程，就要占肯尼亚当年 GDP 的1/10，其“烧钱”程度超过肯尼亚自独立以来建成和在建的所有其他项目，当之无愧地成为肯尼亚历史上最大的一项建筑工程。

中国的参与有效地解决了肯尼亚面临的融资难问题。根据中国与肯尼亚达成的蒙内铁路建设协议，中方将参与铁路建设的融资环节。2013 年 8 月 19 日，肯尼亚总统肯雅塔访华期间，与中国国家主席习近平一起见证了中肯两国签署蒙内铁路融资备忘录。根据相关协议的内容，中国进出口银行将承担蒙内铁路 90% 以上的融资贷款，约 36 亿美元，其余约 10% 的 3 亿美元融资由肯尼亚承担。2014 年 3 月 25 日，中国进出口银行正式批复蒙内铁路项目的贷款评审，36 亿美元的融资支持将以 16 亿美元的优惠出口买方信贷和 20 亿美元的自营贷款方式提供给项目建设。2014 年 5 月 11 日，中国国务院总理李克强访问肯尼亚，并与肯尼亚以及其他东非国家领导人共同见证了蒙内铁路融资协议的正式签署；2014 年 12 月 12 日，中国进出口银行提供的第一笔贷款正式到位，这一天也被肯尼亚政府确定为蒙内铁路正式动工的日期。为积极配合中国进出口银行的融资支持，肯尼亚专门设立相应的海关税种基金，并拨付相应的政府财政收入，负责为蒙内铁路建设提供其余 10% 的融资支持。

中国在融资方面的大力支持有效地解决了肯尼亚在推进铁路建设所面临的融资难的问题，妥善地化解了肯尼亚因铁路建设一次性出资过大而对经济发展可能造成的消极影响，是确保了蒙内铁路从图纸上的规划转变为现实的重要前提条件之一。也正是由于中方分担了绝大部分的融资压力，肯尼亚才得以较为轻松地完成其余的融资工作，从而能够按照工程推进进度，按计划筹措和支付相关的资金和费用。正是得益于中国进出口银行、肯尼亚自筹资金的准时按计划支付，蒙内铁路才能在充足资金的支持下得以顺利和快速的推进。铁路全线开工后的第二年，即 2015 年年底，各个标段的路基、桥梁等线下工程逐步完工，线上的轨排铺架工作陆续展开。2016 年 10 月，在所有的线上工程完成之后，蒙内铁路静态验收工作开始启动；2017 年 2 月 15 日，铁路全线启动动态验收工作，至 4 月 15 日初步完成所有验收工作。2017 年 5 月 16 日，专家评审组开始对蒙内铁路展开安全评估，至 5 月 25 日完成所有相关的安全评估报告。从 2017 年 5 月 11 日至 5 月 31 日，作为建设方的中国路桥逐步向作为业主的肯尼亚铁路局移交蒙内铁路固定资产以及相关档案资料。2017 年 5 月 31 日，蒙内铁路正式开通运营。正是得益于中肯双方合作解决融资难的问题，蒙内铁路从全面开工建设到正式通车运营只用了约两年半时间，相比原计划工期提前了 18 个月，创造了东非地区乃至整个非洲铁路建设史上的神话。

2. 中国技术标准在肯尼亚落地生根

蒙内铁路完全采用中国国家铁路 I 级标准，客运列车设计最高时速每小时 120 公里，货运列车设计时速每小时 80 公里，为单线内燃机牵引，年设计货物吞吐量达到 2000 万吨，是中国目前在非洲建成或者在建的铁路项目中技术规格标准最高的一条铁路。肯尼亚全面采用中国技术标准作为其历史上首条现代化标准轨铁路的技术标准绝非偶然，而是源于对中国改革开放四十年以来在铁路技术的各个领域中所取得的成绩的充分信任。

第一，中国是世界主要经济体中近年来一直持续大力建设铁路的国家。1949 年新中国成立之时，中国铁路网的总长度只有 2 万公里，且大多数线路都是昔日西方列强遗留下的老旧线路。经过新中国成立后特别是改革开放以来的大力建设，至 20 世纪末，中国铁路总里程突破 6 万公里。进入 21 世纪后尤其是自 2013 年以来，铁路建设更是保持在高歌猛进状态，铁路建设投资和铁路通车里程不断创新高。2013 年，铁路完成投资 6901 亿元，建成通车新线 5027 公里；2014 年完成铁路投资 8176 亿元，通车新线路 8426 公里；2015 年完成铁路投资 8238 亿元，投产新线路 9523 公里；2016 年完成投资 8015 亿元，投产新线路 3281 公里；2017 年实现铁路投资 8010 亿元，投产新线路 3038 公里。截至 2017 年年底，中国铁路已经基本覆盖了全国各地 20 万人口以上城市，全面实现了东部、中部、西部三大区域之间的互联互通，铁路网总里程已经达到 12.7 万公里左右，较新中国成立之初的总里程翻了 7 倍，稳居世界第二位。伴随着铁路总里程的快速增长，路网的质量也得到了显著提升。截至 2017 年年底，中国的干线铁路通道基本上都实现了复线、电气化等扩能改造，复线、电气化铁路占铁路网的总里程的一半以上，客运、货运列车的平均时速从每小时不足 40 公里分别提升到每小时 120—160 公里以及每小时 80 公里。此外，以高速铁路、客运专线为代表的高等级铁路建设速度突飞猛进，自 2008 年京津城际高速铁路建成通车以来，中国截至 2017 年年底已经建成 2.5 万公里高速铁路，“四纵四横”骨干高铁网基本建成，稳居世界第一。按照国家统一规划，至2020年要基本建成布局合理、覆盖广泛、高效便捷、功能完善、世界上最现代化的铁路网和高速铁路网，铁路网总里程达到15万公里以上，其中高速铁路网总里程达到3万公里以上，力保全国铁路网中的复线率、电气化率分别突破60%和70%。①

第二，中国拥有丰富的铁路设计和建设经验。由于中国幅员辽阔，不同地区的自然条件相差较大，因此在近年来铁路网建设持续高歌猛进的背景之下，中国铁路建设者在成功应对不同地质地貌、气候条件的过程中，成功积累了丰富的铁路建设经验。2006年7月，世界海拔最高的铁路青藏铁路格尔木至拉萨段建成通车，铁路建设者成功攻克了多年冻土、高寒缺氧、生态脆弱三大世界性难题，确保铁路如期通上世界屋脊；2010年2月，郑州至西安高速铁路建成通车，中国建设者首次解决在大面积湿陷性黄土地区建设高速铁路的技术挑战；2010年12月，海南岛东环高速铁路开通运营，铁路建设者首次解决了在热带海岛高温、高湿、高盐的环境下建设高速铁路的难题，建成了世界上纬度最低的高速铁路；2010年12月，宜昌至万州铁路建成通车，铁路建设者成功克服大面积喀斯特地貌带来的挑战，建成了这条当时被誉为世界上难度最大的铁路；2011年6月，北京至上海高速铁路建成通车，成为世界上一次性建成里程最长的高速铁路；2012年12月，北京至广州高速铁路全线开通，成为世界上运营里程最长、跨越气候带最多的高速铁路；2012年12月，哈尔滨至大连高速铁路建成通车，成为世界上第一条在高寒地区建成通车，也是纬度最高的高速铁路；2014年11月，兰州至乌鲁木齐高速铁路建成通车，成为世界上首条穿越戈壁、沙漠等高寒沙区的高速铁路；2017年12月，西安至成

① 以上数据来源于2017年铁道统计公报：http：//www.mot.gov.cn/tongjishuju/tielu/201805/t20180515_ 3020550.html。

都高速铁路建成通车，翻越秦岭路段成为世界上坡度最大、桥隧比最高的高速铁路，等等。

第三，中国铁路装备技术在世界上处于领先水平。凭借改革开放四十年以来在铁路装备技术领域取得的各项成就，中国顺利地开工和建成了一系列重大铁路工程。从筑路方面来看，中国在解决大断面隧道设计施工、大吨位桥梁铺架、路基工程工后沉降、无砟轨道和超长的无缝线路铺设等多个世界公认技术难题方面取得了突破性进展，并研制成功相应的大型施工工程设备，确保了铁路建设方成功突破各类自然条件的限制。从机车车辆方面来看，中国铁路的主力牵引设备由之前的蒸汽机车、内燃机车逐步实现向电力机车、动车组的转变。1997—2007 年，经过六次铁路大提速，客运列车的时速已经到达每小时 120—160 公里，实现了从低速向准高速的跨越；货运列车时速迈进每小时 80 公里的门槛，并且每节车厢的单位载重进入 70 吨行列，有效地兼顾了重载与提速之间的平衡。随着高速铁路网络的逐步成型，准高速、高速动车组的数量越来越多，在客运行业之中所占的比重不断增大。截至目前，动车组承运的旅客总人数已经超越了普通铁路客车的总运量，在铁路客运中的占比已经超过 60%。从以通信为代表的软件系统来看，整体的智能化水平在不断提升。C3 + ATO 列车控制系统、智能牵引供电、智能调度系统、智能安全保障、智能设备设施检测监测系统等技术正在遍地开花，广泛地应用在铁路车辆制造、行车调度、维护保养等各个方面。这些技术的相互融合与广泛应用有效地支撑了中国铁路的建设与运营管理，为确保中国至 2020 年进一步提升铁路的运行速度、行车密度、有效载重、运营效率，建设世界一流铁路奠定了良好的基础。更为重要的是，这些代表世界先进水平的铁路装备技术具有中国独立知识产权，而且经过中国复杂的铁路建设与运营管理实践的检验，能为中国铁路技术走出去提供强大的硬实力支撑。

第四，中国具有世界上最为成熟和全面的铁路运营经验。经过新中国成立后特别是改革开放四十年以来的大力建设，中国铁路总里程虽然目前在世界上仍然暂居第二，但铁路的行车密度、运营管理效率在世界上位列第一。截至目前，中国是世界上极少数同时运营普通铁路与高速铁路网络的国家之一。相比德国、法国、日本等国家，中国运营的两大铁路网不仅在总里程上要远超上述三国的总和，而且面临的现实问题要更为复杂。从普通铁路来看，几乎所有的线路特别是干线铁路都要有效兼顾客运列车与货运列车混跑的问题：一方面，客运列车自重较轻，普遍按照每小时 120 公里以上的准高速行驶，对准点率以及铁路路基的平稳性要求较高；另一方面，货运列车注重载重，对运输的时效性要求相对较弱，普遍按照每小时 80 公里的时速运行，但对铁路路基的破坏性较大。从高速铁路来看，运营部门主要需要妥善处理短途城际客运与长途客运之间的运营矛盾：一方面，短途城际运输需要尽可能多地照顾沿途通勤旅客，需要多停站，而较短的平均站距导致列车的平均时速相对较低；另一方面，长途运行的客运列车更偏重从始发站或沿途大站到终点站的点对点直达，沿途停站少，站距大，平均时速较高。因此，无论是对于普通铁路还是高速铁路而言，运营管理方不仅需要在行车调度方面有效解决因列车速度不相同而带来的同方向超越与避让的问题，而且工务部门要强化线路的维护保养工作，及时修复重载货运列车或高速列车给线路带来的损坏。此外，不同于德国、法国、日本等国的高铁网、普铁网相互独立运营，中国在各大型铁路枢纽有效实现了两大铁路网的互联互通，可以实现高速动车组从高速铁路到普速铁路的跨网运营，开进位于城市中心的普通铁路车站停靠，进一步扩大高速铁路客运服务的辐射范围，提升广大民众出行的便利性。跨网运行带来的直接问题就是两大铁路网络运行图的相互衔接问题，这对铁路调度设备的可靠性以及调度人员的专业素质都有着非常高的要求。截至2017年年底，中国已经确保普铁、高铁两大网络高效、安全地运营了十多个年头，积累了丰富的运营经验。

第五，铁路是支撑中国国民经济和社会发展实现快速发展的重要基石。中国的人口和自然资源呈现出明显的地域分布不均衡特点，加之改革开放之后地区间发展不均衡的问题进一步突出，造就了人口和物资的大规模跨区域流动，带来了诸如北粮南运、西煤东运以及中西部人口前往东南部沿海务工的运输要求。这些长距离的运输任务绝大部分都由铁路负责承担。正是由于改革开放以来的大规模建设，中国铁路才得以为国家经济的高速发展提供充足的运能支持。尤其是近年来以“四纵四横”为基本骨架的高速铁路网的建成，在有序引导客流由普速铁路向高速铁路转移，充分提高客运效率的同时，也为普通铁路释放出了更多的货运量增长的空间。两大路网并立的格局确保了铁路客货运的快速发展。2017年，中国铁路旅客发送量完成30.38亿人，比上年增加2.65亿人，增长9.6%；旅客周转量完成13396.96亿人公里，比上年增加869.09亿人公里，增长6.9%；全年完成货运总量29.19亿吨，比上年增加2.67亿吨，增长10.1%；货运总周转量完成24091.70亿吨公里，比上年增加2818.49亿吨公里，增长13.2%，其中，集装箱、商品汽车、散货快运发送量比上年分别增长47.9%、58%和9.3%；总换算周转量完成37488.66亿吨公里，比上年增加3687.58亿吨公里，增长10.9%。客货运输两项指标稳居国内各类运输方式之首。铁路客货运快速增长除了进一步巩固铁路在国民经济中的基础性运输地位的同时，也通过拉动运输结构的进一步优化来推动交通运输行业节能减排的实现。据统计，2017年全国铁路耗能折算标准煤1621.65万吨，比上年增加24.75万吨，增长1.5%。单位运输工作量综合能耗4.33吨标准煤/百万换算吨公里，比上年减少0.39吨标准煤/百万换算吨公里，下降

8.3%。单位运输工作量主营综合能耗3.96吨标准煤/百万换算吨公里，比上年减少0.20吨标准煤/百万换算吨公里，下降4.8%。总体而言，一部中国铁路近40年的发展史就是半部改革开放的历史。铁路高效率、低耗能运输给中国经济与社会发展带来的巨大促进作用对于以非洲国家为代表的广大发展中国家加速实现本国的现代化发展具有重要的示范意义。

综上所述，中国拥有世界上最为丰富和成熟的铁路建设经验、世界上最为繁忙和高效的铁路网的运营和管理经验、利用铁路建设成功拉动国民经济和社会发展的成功经验。这三点决定了以中国铁路建设和运营为基础的铁路技术标准和产品已经是被中国改革开放40年以来的发展实践证明过的成熟、可靠的产品。作为中国铁路序列里技术等级最高的普通铁路，中国I级标准铁路凝结了中国近年来在铁路各个专业领域中所取得的技术成就，完全能够满足肯尼亚对于现代化铁路运输的需求。经过肯尼亚方面的认真评估，专家们认为中国国铁I级标准不仅成本适中，而且能够满足肯尼亚当前以及未来可预见时期内的运输要求，是一套成熟、可靠的铁路技术标准，并最终确定蒙内铁路采取中国国铁I级标准。2011年1月23日，肯尼亚最终批复了按照中国标准编制的蒙内铁路的项目可行性研究报告，标志着中国铁路标准正式落户肯尼亚第一条现代化标准轨铁路项目。

3. 依托中国铁路全产业链确保肯尼亚铁路建设质量

总体来看，蒙内铁路的建设过程总体呈现出工期紧、任务重的特点。根据项目的可行性研究报告规划，蒙内铁路的主要工程量包括：主线线路全长471.65公里，路基（涵盖各个场站）长度为445.85公里，占全线路总长度的94.5%。全线共设梁式特大、大、中型桥梁63座，合计25.8公里，桥梁长度占全线线路总长度的5.5%；公路桥43座，全长3.266公里，框架桥6座；框架涵和盖板涵共计600座。铁路正线设置车站33个，其中区段站为2个，即位于蒙巴萨的赖茨港站和内罗毕南站；中间站7个，会让站24个。全线建筑单体合计335座，总建筑面积为19.5万平方米；车站给水站2个；生活供水站3个；电力、通信、信号、信息系统各一套；两套机务段、工务段建设；辅助运营维护、缺陷责任期一年；场站设施3747台套；客货运机车总共56台；40辆客运车厢；1620辆货运车厢；等等。

蒙内铁路由中国路桥集团中标负责实际承建，该项目也是中国路桥集团迄今为止在海外承担的规模最大的单体项目。针对蒙内铁路建设时间紧、任务重的特点，中国路桥制定了科学的施工组织方案，确保了中国铁路全产业链能够按进度落户蒙内铁路，保质保量地完成所有预定任务。中国路桥的施工组织方案主要包括：

第一，全面完善制度体系建设。为确保项目体系的顺利运转，集团项目部依据中国国内铁路建设管理规范和肯尼亚当地的相关法律法规，编制了相关的规章制度，内容涵盖工程管理、质量和安全保障、物资装备管理、计价成本控制、财务会计管理、办公综合管理、公共安全、人事管理等多个方面，通过细化、量化相关规定和准则，为所有的中方参建人员提供了详细的管理依据和行为准则。

第二，建立健全安全管理体系。为确保实现职工在铁路建设过程中实现0死亡、0重伤，同时杜绝重大责任事故出现的目标，集团依据中国国内铁路安全管理模式，建立了项目安全管理体系，明确各级部门所承担的安全职责，定期开展形式多样的安全教育，同时坚持开展强有力的安全检查，严格现场管控，并依据检查结果执行相应的奖惩措施。

第三，坚持强化质量管理体系。为了确保工程一次性验收合格率达到100%，全部工程质量都能够达到中国铁路行业工程质量验收标准，集团建立了各个项目经理部自检自律、总经理部监督考核、监理单位重点盯防的三级质量管控体系，明确了各方质量管控的责任，重点落实混凝土原材料、混凝土制成品的检测。

第四，坚持以技术引领带动工程建设。为了确保各个施工标段能够及时、准确地化解所遇到的工程技术问题，集团邀请中国铁路鉴定中心以及中国国内知名铁路技术专家组成后方专家组，对铁路建设的指导性施工组织、路轨铺架施工、机车车辆的采购方案、运营维护策划等方面进行专家咨询，确保了总体施工方案以及各项具体工作的开展具有理论上的合理性以及实践上的可操作性。

第五，强化成本管理体系的建设。为了实现控制成本，降低项目经营风险，确保经济效益的平衡等目标，集团按照中国国内铁路建设的标准，制定了由总经理部和项目经理部共同组成的二级成本管理体制，明确每个层级在成本管控上所承担的权责，同时引入由红线成本、计划成本、责任成本三个指标组成的成本管理预警机制，确保监督者及时发现问题、解决问题，尽可能早地将不符合预期的浪费问题消灭在萌芽状态。

科学的施工组织方案为蒙内铁路全面引入铁路“中国标准”奠定了坚实的基础。中国铁路全产业链走出去与蒙内铁路的有机对接的成果首先体现在以铁路设计为代表的线下建设部分。根据项目可行性研究报告，蒙内铁路全面采取中国国家铁路Ⅰ级标准，为单线内燃机牵引，预留电气化扩能改造的条件；轨距为1435毫米；最小曲线半径为1200米，困难地段可以维持在800米；限制坡度为1.2%，困难地段可以适当放宽到1.5%；列车牵引质量维持在4000吨；场站到发线长度维持在850米，双机牵引时可以维持在880米，并且预留延长至1050米的改造条件；场站间的闭塞类型为自动站间闭塞；列车轴上载荷为25吨；建筑界限的要求为装载双层集装箱，满足开行双层集装箱专列的要求；客运列车最高时速为每小时120公里，货运列车最高时速为每小时 80 公里；等等。

以机车车辆等机械装备为代表的线上部分是中国标准融入蒙内铁路的有一个主要领域。根据可行性研究报告的规定，蒙内铁路将向中车集团戚墅堰公司采购东风 11、东风 8B、东风 7G 型内燃机车分别作为客运列车和货运列车的牵引动力以及沿线各个场站的小运转、调车作业的牵引动力。

东风 8B 型内燃机车是中国铁路所使用的干线货运用重载内燃机车。20 世纪 90 年代初，随着中国铁路的发展，中国铁道部于 1993 年对《铁路主要技术政策》进行了修订，要求“繁忙干线上旅客列车的最高时速 140 公里，货物列车最高时速 90 公里”，“货运电力、内燃机车的最大轴重增加到 25 吨”。为了实现上述目标，铁道部科技司将 25 吨轴重的重载货运内燃机车的研制项目列入 1995 年铁路科学技术发展计划。1995 年 6 月，铁道部与戚墅堰机车车辆厂签订了研制合同。1996 年 4—10 月期间，沪宁铁路、京秦铁路等繁忙干线率先展开了中国铁路第一次大提速的前奏，先后开行最高时速 140—160 公里的快速列车。为了配合铁路干线货物列车的提速，铁道部要求戚墅堰工厂加快新型大功率货运内燃机车的研制，并尽快投入小批量生产。1997 年 3 月，铁道部正式将新机车命名为东风 8B 型，两台样车分别于 1997 年 6 月和 7 月完成试制，交付上海铁路局进行重载试验考核。经过此后的陆续改进和升级，目前东风 8B 型内燃机车已经在中国铁路上成功运用 20 多年，是非常成熟可靠的干线重载货运内燃机车。根据蒙内铁路的机车采购方案，中车戚墅堰公司将向蒙内铁路出口 43 台东风 8B 型内燃机车，负责货运列车的牵引任务。与东风 8B 型货运内燃机车相似，蒙内铁路采购的 5 台东风 11 型准高速客运内燃机车、8 台东风 7G 型调车内燃机车均来自中国铁路成熟的内燃机车产品，同样是具有完全自主知识产权的中国铁路牵引主力机型，技术先进、成熟可靠。

中车戚墅堰公司在尽可能多地采用中国铁路原型机车的技术的同时，还根据肯尼亚热带草原气候及环境特点，对这三种出口肯尼亚的内燃机车做了适应性的技术改进，不仅有微机自动控制及各项保护功能，同时配置有视频监控与防火保护装置、远程监控与诊断系统，确保符合客户需要和线路要求，满足运行条件。为了减少对铁路沿线野生动物和居民的影响，三种内燃机车分别升级了制动系统，能够确保在突发紧急情况之时，能够在标准规定距离紧急制动及时停车。内燃机车在噪声、排放等方面充分结合了中国现有的技术标准和肯尼亚的环保需求。机车的驾驶舱采用的是标准化的司机室，结构设置成熟合理，便于肯尼亚司机迅速熟悉，熟练操作。驾驶室内的硬件设施配置齐全，里面安装了冰箱、空调、桶装水饮水机、微波炉和真皮座椅，提升了司乘人员的舒适性。此外，三种内燃机车还都配备了符合中国国家铁路 TB/T2541 标准的防撞结构和防爬结构，有效提升了司乘人员的安全性。

总之，作为中国铁路全产业链走进肯尼亚的代表性装备，这三种型号的内燃机车充分体现了中国标准、中国技术、中国速度，满足蒙内铁路如期开行客货运列车的需求，其中东风 11 型内燃机车担当了蒙内铁路通车后肯尼亚总统肯雅塔乘坐的首趟总统专列的牵引任务。

4. 用中国铁路建设经验保护肯尼亚环境

肯尼亚野生动物资源丰富，境内多样化的野生动物不仅成为肯尼亚对外宣传的一张亮丽的名片，也是外部世界认识非洲大陆的代表性符号之一。正因为如此，肯尼亚国内各界人士，从国家政府到新闻媒体，从非政府组织到个人，都对野生动物保护予以高度关注。在蒙内铁路开工建设之前，肯尼亚国内曾有大量的质疑甚至是批评的声音，认为铁路建设将会给沿线的生态环境，特别是对野生动物的栖息和迁徙产生严重的不良影响。

由于成本控制和技术有限等因素的制约，英国殖民者于19世纪末开工建设的米轨铁路在穿越沿线的纳库鲁（Nakuru）、察沃（Tsavo）等野生动物聚居区时，只是简单地采取修筑路堤的方式通过。这种平面交叉方式的弊端非常明显，修筑在地面的铁路路堤通常会阻断野生动物的迁徙通道，导致大量野生动物需要翻越铁路进行迁徙。因此，当野生动物在窄轨铁路沿线出没时，特别是当进入野生动物大量迁徙的季节时，往往会出现大量动物侵入铁路行车范围内的现象，造成野生动物与客货运列车争抢铁路空间的情况。而在这种局面之下，部分野生动物因为躲闪不及而被列车撞死或撞伤的情况也屡见不鲜。除此之外，由于米轨铁路与动物聚居区同在一个平面之上，列车通过时带来的噪音以及烟尘污染往往也会对沿线的野生动物的正常生存带来极为不利的影响。米轨铁路对沿线环境的消极影响也成为肯尼亚各界担心蒙内铁路的主要论据。

因此，中方在设计和建设蒙内铁路的过程中，始终以肯尼亚强化野生动物保护为主要着眼点，从中国国内铁路建设所积累的丰富经验出发，力争将蒙内铁路建设成为一条生态与环保之路，为肯尼亚兼顾环境保护与国家发展提供了现实可行的解决方案。

在线路总体设计走向方面，中方确保新建的蒙内铁路与既有的米轨铁路和A109国道呈大体平行的走向，即与后两者共用一个走廊。这样可以最大程度地利用米轨铁路和国道两侧已经征用的土地空间，尽可能减少蒙内铁路建设对沿线未开发土地的大规模征收，不仅可以大规模减少建设成本，而且可有效降低对周边自然环境的破坏。在铁路的具体走向方面，中方尽可能确保铁路不直接穿越野生动物聚居区，在条件允许的情况下，采取铁路绕行的方案，规避动物栖息地。在线路无法躲开自然保护区的情况下，中方结合青藏铁路格尔木到拉萨段以桥代路为藏羚羊等野生动物预留迁徙通道的方案，果断更改设计，放弃在内罗毕国家公园、察沃国家公园等野生动物聚居区建设路堤的计划，转而采取建设高架桥的穿越方案。通过引入以桥代路的通过方案，铁路不仅在高架桥下为野生动物的迁徙预留出的充足的空间，而且将铁路行车空间与野生动物的生存空间进行错位布置，尽可能地降低了列车通过时所产生的噪声和废气对沿线动物的影响。

最具代表性的以桥代路工程当属察沃特大桥。当年英国殖民者修建米轨铁路时曾在此因惊扰了狮子而导致多名铁路建设工人葬身狮腹，并且延误工期达数月之久。如今在100多年前狮子袭击铁路工人地点的上方，中国建造的铁路高架桥穿越而过，列车通过此处仅需要一分多钟。以察沃特大桥为代表的创新设计是中国所拥有的丰富铁路建设经验与肯尼亚实际需求的具体结合的成果，它的出现确保了蒙内铁路能够按照原有线路走向设计，沿着察沃东、察沃西两大野生动物保护区交界处的中间地带通过自然保护区，避免了因额外绕行数十乃至数百公里而带来的资源浪费，而且有效地兼顾了当地社会对环境保护的强烈欲求，是一项兼顾经济效益与社会效益的创举。

从机车车辆方面来看，中国出口给肯尼亚的内燃机车以及客货运车厢虽然都来源于中国铁路成熟的机车车辆技术平台，但结合肯尼亚的环保需求进行了诸多技术提升或改造，是支撑蒙内铁路建设绿色环保之路的力器。为了减少内燃机车因燃烧柴油而带来的大量废气排放，中车戚墅堰对出口肯尼亚的三种内燃机车特别是东风8B型货运内燃机车的柴油机进行了相应的技术改造，有效提升柴油的燃烧效率，使机车在牵引同等质量的车厢的情况下可以减少10%的尾气排放。由于铁路需要从印度洋沿岸低海拔的蒙巴萨爬升到位于高原腹地的内罗毕，蒙内铁路区间遍布15‰以上的长大坡道，东风8B内燃机车需要由两台机车重连组合且满负荷开动才能够确保4000吨的标准编组货运列车从蒙巴萨顺利运行到内罗毕。燃油效率的提升将确保内燃机车在爬上高原的运行过程中，特别是柴油机满负荷运转的过程中，大幅减少有害气体的排放，有效减少对铁路沿线空气的污染。

蒙内铁路所使用的客运列车来源于中国铁路成熟的25G型客车，由中车浦镇负责制造。这些出口肯尼亚的客运车厢在全面继承中国铁路25G型客车的可靠性与实用性的同时，进行了诸多旨在强化环境保护的技术提升改造，较具代表性的是集便器的全面安装。长期以来，包括25G型在内的客运列车并没有安装集便器，厕所废水废物直接沿路直排，给铁路沿线造成了十分明显的生物污染。自青藏铁路格尔木到拉萨段开通以来，为了保护青藏高原上较为脆弱的生态环境，进入格拉区间的客运列车全部加装了集便器，杜绝了厕所污物沿途抛洒的情况出现。其后大规模投入运营的动车组同样全部加装集便器，有效减少了列车对所行驶过的普速铁路和高速铁路道床和沿线的生物污染。蒙内铁路客运列车加装集便器的方案是中国青藏铁路与高速铁路客车列车的技术创新与中国普通铁路客车技术相结合的产物，是利用中国成熟可靠的产品与环保科技相结合的方式服务肯尼亚铁路建设的典型范例。客运列车在高速奔驰在蒙内铁路上之时，能够真正做到固体废弃物的零排放，有效避免了对沿线生态环境特别是野生动物聚居区的生物污染。

5. 加强肯尼亚员工的福利保障与技能培训

（1）依法保障当地员工的合法权益

作为蒙内铁路的承建方，中国路桥在推进工程建设的过程中严格按照肯尼亚有关本国工人与外国工人使用比例的相关法律条文的规定，将中方人员和当地人员的使用比例严格控制在1∶20，积极推动招收肯尼亚当地的技术工人，推动各个项目建设标段全面实现属地化运作和管理，为肯尼亚当地人民提供更多的就业机会，切实保障当地民众能够更为全面、广泛、深入地享受到蒙内铁路建设所带来的机遇和红利。

作为推动蒙内铁路各个标段项目建设全面走向属地化管理的至关重要的前提性条件，如何充分建立健全肯尼亚雇员的招收与管理工作，成为中国路桥需要着力应对的基础性工作之一。通过充分总结各个施工标段项目部在推动属地化管理过程中所得的成就以及仍然存在的问题，中国路桥主要出台了以下一些制度化的政策和举措，作为指导和规范所有单位在招收和使用肯尼亚雇员时的指导性和强制性原则。这些内容主要包括：

第一，各个用工部门与所在地的肯尼亚工会组织建立健全合作关系，签订具有法律约束力和工会协议。此举是确保中国用工单位对肯尼亚当地健全的劳工使用制度的充分尊重，按照肯尼亚当地的相关法律规定，进一步凸显工会组织保障当地雇员所享受合法权益的职能的必由之举。通过签署相关协议，各个用工方在雇佣肯尼亚雇员的过程中将全面加强与工会组织的定期交流与对话机制，自觉接受工会组织的全程监督，为构建符合肯尼亚当地社会发展特点的用工制度作出应有的贡献，确保肯尼亚当地雇员能够在公正、合理的劳资关系中积极参加蒙内铁路的建设；

第二，积极构建全面收录当地雇员信息的数据系统。中国用工单位将在招聘过程中详细统计应聘的肯尼亚雇员的受教育程度、专业技能、工作意愿、家庭收入情况等各个方面的详细信息，并将其收录存储进雇员信息的数据库。通过详细对比雇员提交的相关信息以及其个人的实际情况，中国用工单位可以结合工程建设各个岗位对所需人员的具体要求，及时、高效、准确地将相关应聘人员直接分配至具体的工作岗位，大大节省了人事部门的信息分析与研判的时间，有效提高了用工招聘工作的效率。此外，肯尼亚应聘人员的信息还可以在不同标段的中国用工单位之间实现交流与共享，为全面实现肯尼亚员工因具体建设工作需求而在不同标段或工区之间的调动或转岗提供了可能性与可操作性；

第三，设立蒙内铁路爱心救助基金。爱心基金由中国用工方负责出资设立，救助对象主要是家庭条件相对困难的肯尼亚雇员。在采集和收录肯尼亚应聘人员信息的过程中，中国用工单位将对家庭困难的肯尼亚雇员予以详细的信息登记，对满足申请救助基金的对象予以专项帮扶和支持，帮助其本人以及亲属完成爱心救助基金的申请和发放工作。通过引入专项救助基金机制，在一定程度上，中国用工单位为那些家庭生活困难的肯尼亚员工缓解了生活的后顾之忧，对于确保当地员工可以毫不分心地投入铁路建设工作，同时不断强化对于中国用工单位的认同感和向心力，具有不容忽视的积极作用；

第四，为当地员工购买意外工伤保险。所有的肯尼亚员工一经中国用工单位正式录用，将享受由中方出资购买的意外工伤险，其中在一线工地上工作的本地员工可以优先获得意外工伤保险。通过建立工伤保险对肯尼亚员工全覆盖的制度，中国用工单位实质上为来此务工的肯尼亚人员提供了良好的生命安全保障制度。此举不仅是中国用工单位切实落实肯尼亚有关保障劳动者权益的相关法律法规的具体举措之一，同时也避免了日后可能出现的重大工伤事故给当事人和用工单位带来的巨额经济损失。这项举措也彻底打消了肯尼亚员工来中方承建项目部谋职的疑虑，对于加强劳资双方的互相信任具有积极意义；

第五，为当地雇员提供更加安全的通勤车辆。由于蒙内铁路的诸多新建路段都处于没有居民点的荒野地区，无论是工地的施工人员还是项目部的管理人员都需要借助通勤车辆往来于就近的城镇或居民点与处于荒郊野岭之外的工作地点。为本地员工提供更加安全的通勤车辆，不仅是中国用工单位切实按照肯尼亚有关劳保权益的相关法律法规的规定改善员工工作条件的一项重要举措，也是充分确保道路交通安全，避免重大恶性交通事故发生的保障性措施之一。在实践操作中，中国用工单位普遍使用正规的客运汽车接送当地员工通勤，期间坚决杜绝超载、客货混装等违规操作问题，受到了当地员工的普遍好评。

第六，按照规定为当地雇员缴纳各种费用。中国用工单位严格按照肯尼亚的法律法规要求，在向每位本地员工按时足额支付工资的同时，也定时缴纳其他所有应该缴纳的各类费用。目前，这些费用主要涉及社会统筹类、医疗保险类的相关支出，是肯尼亚在当前加速实现工业化、现代化进程中所构建的健全的社会保障体系的重要组成部分。按时足额全面缴纳各类社保费用，不仅体现了中国用工单位切实保障所雇佣的肯尼亚本地员工的切身合法权益，也体现了对肯尼亚加快实现全面现代化进程的鼎力支持。从某种意义上看，这也是中国用工单位用另一种方式支持肯尼亚落实“2030 愿景”的具体途径。

（2）多措并举推动本地人才培养

为确保蒙内铁路建设严格按照工期要求推进，中国路桥在一方面强调推动项目管理全面实现本土化，另一方面在如何提升业已实现本土化管理的各项目的工作效率上狠下抓手。面对绝大多数都是肯尼亚本地员工的施工建设队伍，提升工作效率的根本着眼点在于如何对当地员工加强培训，使其能够较好地学习和掌握中方人员的技术和规则，进而使之具备在中方技术人员的指导下开展工作，或者是与中方技术人员联合开展工作，甚至是完全独立承担某个具体工种的能力，从而更好参与蒙内铁路建设，真正实现肯尼亚人建设肯尼亚的铁路的目标。

总体而言，根据不同工种分工协作、建设和运营齐头并进等要求，中国用工单位主要在三大层面上开展对肯尼亚本地员工的培训工作。

第一个层面的培训工作主要集中在各类工种的一线工作岗位上。这类培训主要由蒙内铁路项目实施过程中各个项目经理部负责具体承担，培训对象通常是具体承担某些工种的当地技术工人，培训模式通常是以定期或不定期举办的短期讲座或培训班为主，培训的目的是让受训人在较短时间内掌握某项工种的具体操作程序。具体而言，这种类型的培训主要在以下三个层级具体开展。

其一，各个项目部自己开展的培训工作。这类培训工作通过充分发挥中方管理人员在技术方面的优势，由中方人员举行课堂讲座或者现场授课的模式，就施工过程中某项具体工种遇到的某类操作问题或者技术难题进行细致的解释说明，并且提供和告知相应的解决方案，确保当地员工能够在实践层面上真正掌握针对这类问题的操作要领和注意事项，同时能够做到举一反三，可以应对类似问题的再次出现。在蒙内铁路修建的全过程中，这类培训是举行次数最多、频率最高、涉及人员范围最广，同时也是直接收效最为明显的培训类型。

其二，项目部与所在地区的当地专业培训机构合作，通过联合办学的方式，建立相应的人才培养和储备基地。培训以现场的实际操作技能为主，理论学习为辅助的方式开展，同时充分结合参加培训的各个本地学员的受教育背景以及学习能力的强弱，组建各类专业的培训班，因材施教，强化培训。在培训中，中方技术人员担任培训的导师，肯方培训机构的相关人员担任助教，以肯方参训人员与中方技术人员“结对子”的方式拜师学艺。中方技术人员负责对肯尼亚参训人员的专业技能进行相应的指导、培训并组织相应的结业考试，以中国师傅“传帮带”的形式确保当地学员真正学到知识和技术。较具代表性的人才培养基地包括2015年6月由蒙内铁路第二标项目部与瑞尼德斯卡特培训机构在泰塔塔维塔郡（Taita Taveta）合作成立的培训基地。

其三，充分利用中国在铁路技术领域的高等教育资源开展培训工作。作为深入推进中非交流的重要举措之一，中国商务部每年都会出资组织包括非洲国家在内的广大发展中国家的专业技术人员赴中国学习和培训，以拉动受训人员所在国的能力建设。中国路桥蒙内铁路项目部充分利用商务部的培训机制，从各个项目经理部推举的优秀本地员工代表里优中选优，分批次派遣到中国相应的高等院校中进行短期专业技能培训。从2015年起，蒙内铁路项目部陆续开始向中国派出肯尼亚学员，其中2015年总共选拔出16名当地雇员，前后分四批次前往中国西南交通大学进行短期技术培训。2016年的派出计划仍然以2015年度的为基础，选拔出16名优秀的当地雇员，共分为四个批次前往中国西南交通大学。

在蒙内铁路施工的两年多时间中，以上三种类型的培训工作总计培训肯尼亚当地员工2.8万人次，为各个标段的具体施工工作培养了充足的技术工人，为保证各个标段严格按照工期进度组织生产，保质保量地完成所有建设工作，奠定了坚实的基础。

第二个层面培训的主要目的是培养专业的铁路技术工人。随着蒙内铁路的线下、线上施工工程陆续进入尾声，中国路桥蒙内铁路项目部将当地员工的培训重点从参与铁路建设转变为支撑铁路开通后的正常运营。相比第一个层面上的培训工作，第二个层面上的培训工作主要具有以下两个方面的特点：

其一，培训工作更加突出与铁路运营的密切关系。由于第一阶段的培训工作处于铁路的线下和线上建设时期，因而培训工作的主要内容往往是涉及与土木工程建设相关的专业技术工种和岗位，与铁路运营本身往往没有直接的联系。随着工作重点由铁路建设转向迎接铁路开通运营，中国路桥蒙内铁路项目部严格参照国内铁路正常运营的基本要求，按照机务、车务、车辆、工务、电务五大部门的专业化操作规程，逐步培养出能够完全胜任铁路运营工作的专业化本地人才；

其二，培训工作对专业技能的要求要更为严格。由于铁路运营工作将涉及以高速运行的客货运列车为核心的五大部门的协同配合，工作质量的良莠将直接影响到日后铁路行车的安全，因而对员工的专业化素质要求更高。在本层面的培训中，一方面是体力工种的数量急剧减少，另一方面是直接涉及机械设备操作的岗位越来越多。本地员工要逐步学会与内燃机车驾驶、机车车辆维护保养、路基与轨道病害的发现、通信调度等工作密切相关的各种专业技能，成为专业技术素质过硬的铁路工人。

在人员的具体培训过程中，中国路桥蒙内铁路项目部主要通过以下两种具体的途径加强肯尼亚本地专业铁路技术工人的培训。

其一，针对那些对专业技能要求较高的工种，项目部直接选拔当地优秀的员工赴中国进行短期专题学习培训。较具代表性的是 2017 年 1 月赴中国学习的肯尼亚首批女性内燃机车驾驶员。2017 年 1—3 月，由项目部选派的 7 名女学员在宝鸡铁路技师学院接受专业强化培训，学习东风 8B 和东风 11 型两种内燃机车的驾驶技术。学习期间，学校不仅为学员们设计了丰富的理论课程学习，而且安排她们到中国铁路运营中的同型机车上参观和实习，确保其全面掌握各种相关专业技能。学成返回肯尼亚之后，这些女学员借助蒙内铁路联调联试的契机，直接驾驶内燃机车上线运行，通过实践巩固和提高所学技能，并最终全部成功获得正式驾驶中国制造的内燃机车的资质。2017 年 5 月 31 日蒙内铁路举行正式通车典礼时，这 7 名女学员承担了驾驶首批正式开通运营旅客列车的历史性重任。

其二，对于其他类型的工种，项目部主要采取在肯尼亚举行培训班的方式强化对当地员工的培训。随着蒙内铁路的重点逐步由土建工程建设转向各个单元的联调联试工作，机务、车务、车辆、工务、电务五大部门的中国技术人员逐步到位并陆续接管设备开展工作。项目部抓住这一有利时机，充分结合铁路建设过程中所形成的各种行之有效的培训机制，以逐步启用的各个车间为培训主战场，以中国技术人员现场授课为主要形式，辅之以肯尼亚当地培训机构合作参与的形式，对当地员工进行专业强化培训。中国技术人员除了对当地员工采取集体授课讲授理论知识之外，主要的讲授形式仍然是与当地员工结成相对固定的“师徒对子”，通过在实践操作中的“传帮带”模式来确保当地员工的学习质量。在中国技术人员的指导下，肯尼亚当地员工不仅学到了中国师傅传授的相关专业技能，而且通过全程参与蒙内铁路联调联试工作积累了宝贵的实践经验，为确保铁路如期正式建成通车，发挥了不可替代的重要作用。

截至蒙内铁路正式通车之前，项目部已经顺利完成五大部门的当地员工的培训，在肯尼亚历史上首次培养出了能够支撑现代化标准轨铁路运营的现代铁路工人。这些在蒙内铁路建设和联调联试过程中成长起来的专业技术人员，未来将成为确保蒙内铁路正常运营，充分发挥其应有的社会经济效益的骨干技术力量。

第三个层面的培训主要是通过在肯尼亚设立专业的铁路工程高等教育课程，为蒙内铁路未来的发展提供高素质的本地专业人才。由于肯尼亚国内尚未建立起完整的工业体系，加之从来没有运营现代化标准轨铁路的历史和经验，因而其国内不仅缺乏能够有效支持铁路建设与运营的相关的铁路工人，更是缺乏能够承担完整铁路体系建设的高素质专业人才，目前全国的高等教育系统中尚未建立任何一个有关铁路工程的专业。前两个层面上的培训在一定程度上解决了铁路工人的缺乏问题，但由于受训人员教育背景参差不齐，加之培训本身多带有短期和临时的性质，而且培养的方向更多地侧重于实践层面的具体技术操作，因而只能暂时性地解决相关专业人员匮乏的状态。无论是在蒙内铁路的建设还是运营过程中，前两个层面培养出的铁路工人在执行具体工作层面上仍然无法完全摆脱中国技术人员的指导和帮助，本质上仍然是在由中国技术人员主导的体系下开展工作。因此，在目前的状态之下，肯尼亚当地员工尚不具备独立承接铁路运营的重任。

为了妥善解决肯尼亚缺乏高端铁路人才的局面，使其不仅能满足铁路开通运营后对大量高素质铁路专业技术人员的需求，同时也确保肯尼亚的铁路工程技术人员未来能够全面接手铁路的运营和管理，并且维持铁路的高效运转，中国路桥蒙内铁路项目部积极与中国、肯尼亚相关的高等教育机构对接，计划以三方合作的形式在肯尼亚设立铁路工程专业。根据设想规划，中国路桥将与以内罗毕大学、肯雅塔大学为代表的肯尼亚高等学府合作，在高校教学体制内新增铁路工程专业，面向肯尼亚全国招生。以西南交通大学、北京交通大学为代表的中国高校将在师资、教学仪器、教材编纂等方面予以对口专项支持，蒙内铁路的运营和管理部门将为就读该专业的学生们提供对口的实习部门。目前，此项三方合作的项目实施计划已经分别获得中肯两国相关部门的认可，正在逐步转向实际执行的操作阶段。毋庸置疑，如果这项合作计划能够得以顺利实施，肯尼亚有望在未来 5—10 年内逐步破解缺乏高素质铁路专业技术人员的瓶颈。

6. 积极履行社会责任

作为蒙内铁路的承建者，中国路桥集团在承建铁路全线工程的两年半时间内，充分结合自身在工程技术方面的优势，积极履行社会责任，树立了中国企业在当地的良好形象。具体而言，中国路桥主要在支持铁路沿线肯尼亚农村社区建设、加强环境保护建设两大方面积极作为，有效服务于当地社会。

第一，加强与沿线社区的沟通与交流，全力支持当地的发展建设。蒙巴萨至内罗毕区间是肯尼亚经济最为发达，人口最为稠密的地区，蒙内铁路的线路设计走向将穿越沿途众多的农村社区。由于沿线农村社区中的大部分居民之前很少接触到中国人和大型基础设施建设施工，加之大规模的征地拆迁工程让部分居民产生了不理解甚至是恐惧，因而在蒙内铁路项目开展初期，众多的沿线社区居民尚不能正确认识铁路建设的重要意义，对参加的中国技术人员仍存在一定的误解。因此，如何在铁路建设的过程中不断加强与沿线社区的交流互动及沟通协调，尽快推动当地民众正确认识中国公司和员工参加蒙内铁路建设的积极意义，并且能够从铁路建设过程中感知或享受到切实的便利，成为各个施工标段项目经理部需要认真对待的问题。以这个核心议题为指导，各个标段的施工人员在保质保量完成既定铁路建设任务量的同时，积极支援沿线农村社区建设，全面回馈当地社会。以加强与沿线农村社区交流来履行社会责任的方式主要包括以下几个主要方面：

其一，大力改善沿线农村社区的水资源供应状况。肯尼亚属于高原国家，地表径流相对较少，因此多数农村地区居民点都面临着严重的缺水问题。当地居民为了获取有限的水资源，往往需要用容器囤积雨水或者徒步前往较远的地区打水，用水成为其日常生活中面临的首要的棘手问题。蒙内铁路的施工队伍进驻附近工地后，在开挖水井解决工程建设用水的同时，也积极为邻近的农村居民社区就近开挖饮水井并且建设相应的饮水设施，有效解决了长期困扰当地居民的吃水难的问题，大幅度提升了居民们的日常生活质量。较具代表性的是第三项目部在卡塞卡尼（Kathekani）镇的施工工地附近开挖水井并修建大型储水罐，不仅满足了工程施工和参建人员生活对水源的需求，而且通过分享储水罐中的储备用水，让附近几个村庄的居民无须远行就能方便快捷地获取清洁的生活用水，极大地方便了人们的日常生活。当地居民对此无不交口称赞，并且给项目部送去了感谢信。

其二，全力支持沿线农村地区的校舍改建工作。由于长期缺乏必要的资金和技术，沿线农村社区的小学校舍普遍破旧不堪，当地的小学生往往是在年久失修、不通水电，甚至是没有黑板、课桌椅等最基本教学设施的教室里读书学习。铁路建设的大幕拉开之后，各个标段项目部积极伸出援手，不仅为邻近村社相继改建或重建了一批小学校舍，而且大量捐赠了书桌、椅子、课本等教学用具，有效地改善了当地学生的就读环境，受到了当地居民的一致好评。具有代表性的事件包括：2015 年 2 月，第四项目经理部为当地的卡纳尼（Kannani）小学捐赠 190 万肯尼亚先令用于新建学校校舍，新建校舍于 2015 年 11 月完工交付当地小学；2015 年 5 月，马塔基尼（Matagini）小学正式搬迁到由第六项目经理部援建的全新校舍，位于新校舍 2 公里之外的危房校舍正式被废弃；2015 年 10 月，由第二项目经理部援建的姆加拉尼（Mgalani）小学新校舍正式竣工，经理部人员为当地小学生捐赠篮球、排球、作业本、矿泉水、打印纸等学习用具和文体用品。

其三，在沿线农村社区中积极开展公益爱心活动。各个标段项目经理部在不断加强与附近村社居民的互动交流的同时，不忘积极开展各种类型的公益爱心活动，定期走访生活在村子里的弱势群体，并为他们积极捐赠各类生活必需品，确保其能够维持稳定的基本日常生活。具有代表性的事件包括：2015 年 12 月，内罗毕分指挥部员工探望了附近的仁慈红色救世主（Merciful Red Redeemer）孤儿院，为 50 多名孤儿带去大米、咖喱粉、食用油、蔬菜等食品以及肥皂、洗衣粉、衣服、足球等日用品和文体用品，同时捐款 4 万肯尼亚先令，在一定程度上缓解了孤儿院运作经费不足、孤儿们生活质量偏低的问题。

其四，积极支持沿线农村地区召开各类节庆活动。通过出资支持沿线地区举行形式多样的节庆活动，各个项目经理部不仅极大地丰富了沿线居民的精神文化生活，同时也为当地居民与中国工程人员持续增进相互交流、相互认识提供了全新的机遇和平台。具有代表性的事件包括：2015 年 10 月，中国路桥在泰塔塔维塔郡赞助举行了半程马拉松赛事，并且为获胜的运动员选手颁发奖金；2015 年 7 月，第二项目经理部在世界森林警察日到来之际，为东察沃国家公园的森林警察们赞助举行庆祝仪式，并且慰问伤残警察的代表。

第二，加强对沿线生态环境的保护力度，鼎力支持肯尼亚的环境保护事业。除了前文所述在铁路的设计上尽可能减少对沿线环境的不良影响之外，项目部还积极行动起来，陆续制定了《环境保护管理办法》《水土保持管理办法》《环境影响评价管理办法》等指导性意见，并下发各个项目经理部，将环保理念贯彻到施工的全过程，在保质保量地按进度完成施工任务的同时，绝不在环保问题上影响周边居民。除此之外，在满足肯尼亚环保法律规定的最基本要求之外，项目部还主动作为，积极参与周边社区的环境保护活动。在整个施工建设周期内，作为履行社会责任重要组成部分的环保行动主要包括以下内容：

其一，与周边社区联合举行环保公益活动。通过与当地社团或组织联合举行环保公益活动，项目部不仅为支持肯尼亚的环境保护事业做出自己应有的贡献，而且可以从更为微观和具体的视角和方式向当地民众详细、充分地展示自己的绿色施工、绿色管理的理念，树立了中国企业的良好形象。通过与当地民众在环保公益事业中的交流与互动，沿线居民普遍认可了中国路桥在环境保护上的先进理念以及积极作为的态度，并对由中国承建的蒙内铁路的未来充满信心。具有代表性的事件包括：2015 年 3 月，蒙内铁路项目部赞助并参与了在“世界野生动物日”当天举行的垃圾清理活动，项目部人员与环保志愿者、当地居民一起前往察沃国家公园内清理垃圾，有效防止了野生动物误食垃圾，净化了公园的环境；2015 年 9 月，项目部赞助并组织了在蒙巴萨至内罗毕 A109 国道西察沃公园路段沿线的垃圾清理工作，不仅极大地改善了国道两侧的景观环境，而且有效减少了人造垃圾对野生动物栖息地的污染。

其二，积极承担沿线野生动物的保护和救助工作。积极救助铁路施工工地沿线被困野生动物，是项目部全面落实环境保护理念的又一重要举措。野生动物不仅是肯尼亚宝贵自然资源的有机组成部分，也是肯尼亚社会各界普遍关注的核心议题之一。救助受伤或者被困的野生动物，是项目部向肯尼亚全社会充分诠释自身环保理念，展示自身环保意愿的绝佳时机。也正是凭借对野生动物的保护和救助工作，项目部不断增强当地民众对自己的亲和力和认同感，为蒙内铁路建设的顺利推进提供了良好的舆论环境。具有代表性的事件包括：2015 年 2 月，马金杜（Makindu）附近的一头野生大象因为饮水不慎，掉进丛林深处的一处自然形成的水坑里，长时间被困无法脱身。项目部接到肯尼亚野生动物管理局的求助信息之后，立刻派遣救援小组前往事故地点，并迅速制定出行之有效的救援方案。经过 5 个多小时的紧张营救，被困大象终于从水坑中挣脱，脱离了生命危险。肯尼亚野生动物管理局、世界野生动物保护协会对项目部积极营救野生动物的义举表达了诚挚的谢意和高度的赞赏，双方由此开始在沿线野生动物保护和救助工作上建立起深厚的友谊和紧密的合作关系。

第三章　蒙内铁路的运营管理与重要意义

经过两年半的紧张建设，蒙内铁路全线于2017年5月31日正式开通运营，以肯雅塔总统为代表的肯尼亚国家领导们出席通车仪式。与19世纪末英国殖民者修建的乌干达窄轨铁路被称作“疯狂快线”相呼应，当地民众把这条在国家独立日建成通车的现代化标准轨铁路尊称为“独立快线”（Madaraka Express）。蒙内铁路的通车标志着肯尼亚成为东非第一个全面建成现代化标准轨铁路的国家，它不仅将有力助推肯尼亚社会经济的发展，也将中肯两国的合作提升到全新的高度。

（一）蒙内铁路建成通车

蒙内铁路的顺利建成通车，标志着中国与肯尼亚合作开创的铁路建设模式取得了圆满成功。在建营一体化理念的指导下，蒙内铁路初期将在作为承建方的中国路桥的管理下开展运营，不仅确保铁路能够尽快在中国铁路成熟的运营经验的支撑下发挥应有的社会经济效益，而且为肯尼亚日后独立经营和管理铁路进行必要的探索。

1. 建营一体化设想的全面实现

根据中国与肯尼亚两国之前达成的协议，蒙内铁路将采取建营一体化模式，即由承建铁路建设的中国路桥负责铁路开通后初期的运营和管理工作。建营一体化的解决方案可以有效避免肯尼亚因缺乏运营和管理现代化标准轨铁路的经验而可能导致的运输效率低下的问题，通过系统导入中国铁路成熟的运营和管理模式，让以车辆调度、行车组织等为代表的中国标准软件服务与以内燃机车、通信设备为代表的中国标准硬件设备实现有机融合，确保蒙内铁路在正式开通运营后能够像中国铁路一样保持高效率的安全运转，从而使之在尽可能短的时间内发挥其应有的社会和经济效益。

在蒙内铁路施工期间，随着铁路建设的重点逐步由线下路基施工过渡为线上轨道铺设与信号设备安装，中国路桥提前一年开始积极负责筹备组建专业化的运营团队，招聘对象主要是在中国国内的十八个铁路局（集团公司）的机务、车务、车辆、工务、电务五大核心部门拥有长期工作经验的专业人员，为项目部尽快实现工作重心由铁路建设向铁路运营的转变奠定了基础，确保能够按进度在2017年年中全面接管铁路的运营和管理工作。至2017年2月全线静态验收工作结束前，项目部已经基本完成组建运营和管理部门，为迎接全线联调联试工作的顺利开展以及铁路的如期通车提供了充足的人员和技术保障。随着联调联试工作的圆满结束以及专家评审工作的顺利通过，至2017年5月中旬，蒙内铁路已经完成开通运营的所有准备工作，既有条件满足随时开通运营的要求。2017年5月30日，即蒙内铁路正式开通运营的前一天，中国路桥与肯尼亚铁路局正式签署了有关蒙内铁路初期运营和管理的合同。根据合同规定，肯尼亚铁路局作为业主，向外承包蒙内铁路通车后初期的运营和管理权；中国路桥与全球知名承包商澳大利亚约翰·霍兰德（John Holland）公司组成国际联合体作为承包人，全面接管正式通车后的蒙内铁路，有效期为10年。在此期间，中国路桥将以“运营+管理”（O&M）的模式为基础，为肯尼亚铁路局提供便捷、高效、完整的现代化标准轨铁路一体化运营管理服务。此外，根据合同的相关规定，作为业主的肯尼亚铁路局将和作为运营方的中国路桥以合同为基础明确各自的权利和义务，通过有效整合资源形成强大合力，通过创新机制激发铁路运输活力，通过市场开发增强蒙内铁路品牌的吸引力。

蒙内铁路正式开通运营后，运营部充分结合肯尼亚的实际情况以及中国铁路的运营管理经验，按照机务、车务、工务、电务、车辆五大核心部门体系的分工与协作，将472公里铁路正线沿线的人员和设备进行有效整合，以最大限度发挥现代化标准轨铁路生产效率为根本指导原则，总共设置了19个各类生产车间：

设立6个运输车间，其中5个运输车间设在沿线的大型车站，分别为赖茨港（Port Reitz）站、沃伊站、姆蒂托安代（Mtito Andei）站、埃马力（Emali）站、内罗毕终点站（Nairobi Terminus）车站。这五个车站属于运营部直接管理的大型车站，属于区段内人流和物流的重要集散点，也是未来铁路组织客货运输的重点开发市场；五个车站分别负责领导临近其他小型车站，在行政管理、运输业务上予以相应的指导。除了在五个大型直管站设立运输车间外，运营部还设立一个客运车队运输车间，由其管理的列车员负责执行每天从内罗毕、蒙巴萨始发对开的客运列车的乘务工作；

设立机务车间3个，分别为内罗毕运用车间、内罗毕维修车间、赖茨港机务折返段。内罗毕运用车间主要负责每天在内罗毕终点站牵引始发和终到客货运列车的内燃机车，以及由内罗毕终点站前往内陆集装箱无水港的小运转调车机的调度和派遣工作，不仅是蒙内铁路西端的机车调度中心，也是全线机车运用的核心部门；内罗毕维修车间全权负责蒙内铁路上运营的东风8B、东风11、东风7G三种干线内燃机车以及工务部门使用的轨道作业牵引车的日常维护保养以及定期检修任务，确保铁路的牵引动力时刻保持在稳定可靠的状态；赖茨港机务折返段主要负责由内罗毕方向驶来终点到蒙巴萨西站的客运列车机车以及终点到赖茨港站的货运列车机车的解挂、修整、折返任务，同时承担调度和派遣牵引由蒙巴萨始发前往内罗毕方向的客货运内燃机车，是与内罗毕运用车间遥相呼应的东端机车调度中心。

设立两个车辆车间，分别为内罗毕运用车间、内罗毕维修车间。内罗毕运用车间主要负责每天在内罗毕终点站始发、终到的所有客运列车、货运列车的编组、出库、入库工作；内罗毕维修车间主要负责包括一等座车、二等座车、餐吧车、行李车、空调发电车在内的共五种型号的25G型客运列车车厢，以及包括C70E型敞车、P70型棚车、X70型集装箱平车、NX70型集装箱平车、X2K双层集装箱运输车在内的共五种型号的货运车厢的检修任务，是承担全线车厢维护保养的神经中枢。除此之外，两大车辆车间在内罗毕终点站、赖茨港站设立列检作业场，负责始发和终到客货运列车的转向架病害的初检工作。

设立六个工务保养车间，分别为内罗毕综合车间、内罗毕维修车间、埃马力维修车间、姆蒂托安代维修车间、沃伊维修车间、赖茨港维修车间。内罗毕综合运用车间负责全线工务维修的统一指导和调配工作，是全线工务部门的核心。其他五个维修车间负责各自管辖范围内平均120公里路段内的铁路养护与维修工作，及时发现并修复线路因各种原因导致的病害，全力确保客货运列车的行车安全。

设立电务车间两个，分别为内罗毕综合车间、赖茨港维修车间。作为分布在蒙内铁路东西两端的电务部门，两大车间负责全线供电保障工作，对于确保各个车站的正常调度，通信信号的正常工作，发挥着不可替代的作用。

经过半年多的正式运营，2018年1月16日，肯尼亚铁路局正式向蒙内铁路颁发铁路运输许可证。这代表着经过半年多的详细与全面的考察与评估，肯尼亚交通运输行业不仅对由中国路桥承建的蒙内铁路的建设质量表示完全的肯定，而且也充分认可中国路桥拥有运营好、管理好蒙内铁路的能力。随着运输合格证的正式颁发，肯尼亚铁路局与中国路桥的合作关系进入新阶段，蒙内铁路也将由此逐步步入黄金发展阶段。

2. 通车一年来的运营管理状况

在肯尼亚铁路局与中国路桥的密切合作下，由中国路桥负责运营的蒙内铁路自2017年5月31日正式开通运营以来，总体运行状态良好，各部门工作开展得井然有序，没有发生任何恶性安全事故，客运、货运功能实现均衡发展，运输总量不断增长，对沿线以及周边地区乃至对其他东非国家的辐射作用初步显现，肯尼亚国内民众对其的认可度和满意度不断提升。总体而言，作为东非第一条中国标准现代化铁路，蒙内铁路已经初步发挥出其应有的经济和社会效益，而未来它也必将凭借其日渐辉煌的效益成为肯尼亚乃至整个东非陆上交通运输的一块金字招牌。

具体来看，蒙内铁路通车一年后的成功业绩主要体现在以下几个方面；

从行车密度和功能上来看，正式通车后的蒙内铁路交出了一份令人满意的答卷。2017年5月31日，铁路正式开行全线首趟旅客列车；6月1日，正式开行首对图定旅客列车；6月19日开始，连续数月为肯尼亚遭受旱灾袭击的灾区运送粮食；8月1日，沿线增开阿希河（Athi River）、埃马力等客运站；11月1日，增开第二对图定旅客列车；12月31日，实现首个安全年的生产目标；2018年1月1日，货运服务正式开启，首趟集装箱班列开行。

截至2018年3月20日，蒙内铁路已安全运输293天，总计开行旅客列车858列，发送旅客103.4万人，日均发送旅客

3529 人；客运列车从开通运营时的日均一对增加到日均三对，远超可行性研究报告中近期开行两对旅客列车，年发送旅客 90 万人的运输量预测。

货运业务同样增长迅猛。在货运服务尚未正式开始的 2017 年，仅 6—11 月，蒙内铁路就开行了 73 列运送救灾粮食的专列，总计运输 17.2 万吨。2017 年年底，作为蒙内铁路的配套工程项目，肯尼亚港务局（Kenya Port Authority）在内罗毕建设的内陆集装箱码头（Inland Container Depot）正式建成投产，扫除了蒙内铁路开通货运服务的最后一道障碍。根据设计规划，蒙内铁路货运列车将把蒙巴萨港的集装箱直接运到内陆集装箱码头进行清关工作，此举可有效减轻蒙巴萨港的货物吞吐压力，大幅提升货物的运输周转速度和效率。2018 年 1 月 1 日，由蒙巴萨的赖茨港前往内罗毕内陆集装箱码头的首列集装箱班列正式开行，拉开了蒙内铁路货运的大幕。此后，全线集装箱班列的开行密度不断增加，截至 2018 年 5 月底，集装箱班列的开行数量由最初的日均 1 对增加到日均 3 对。集装箱班列的大量开行使得内罗毕集装箱内陆码头的工作量大幅增长，从 2017 年年底投入使用到 2018 年 5 月底蒙内铁路开通一周年之际，其集装箱作业量已经接近于先期设计吞吐量的约 50%。随着未来集装箱班列密度的进一步加大，内罗毕内陆集装箱码头很有可能在 2018 年进入满负荷运转状态。

从本地员工的雇佣情况来看，蒙内铁路开通运营后，一如既往地大量招收当地雇员，并确保他们能够真正学校到相关的技术。按照与肯方铁路局合同约定，2018 年按两客两货计划配置肯方人员 1450 人。后由于货运上量的需求，到目前为止已招聘肯方员工 1490 人，其中运营公司总部 53 人，运维项目部 1437 人（综合后勤：44 人；机务部：197 人；车辆部：90 人；电务部：128 人；工务部：513 人；运输部：465 人）。后续随着货运量的上升，还将继续根据需要招聘肯方员工。关于肯方员工的待遇问题，为其签订注册了工会协议，保障肯方雇员权利，完善肯方职工各项薪资待遇，严格按照劳动合同及工会劳资协议规定执行薪酬、福利政策。

2018 年 5 月 31 日，蒙内铁路正式运营满一周年。在中肯两国的密切合作之下，蒙内铁路在一年内始终保持着高效运营，累积开行客运列车 1150 列，运送旅客共计 134.2 万人次，列车的平均上座率维持在 96.2% 以上；货运列车累计开行 924 列，完成货物运输总量 84.35 万吨，累计 65568 个集装箱标准箱①；总共雇佣肯尼亚当地员工 1597 人，约占全部员工总数的 70%。正是在蒙内铁路的有效带动之下，肯尼亚的铁路产业开始迎来发展的春天。据肯尼亚国家统计局于 2018 年 4 月发布的《2018 年度经济调查报告》显示，肯尼亚铁路客运总收入达到 700 万美元，远高于 2016 年的 134 万美元，其中蒙内铁路的贡献超过 590 万美元，占比已经超过 84%，进一步巩固了其在肯尼亚铁路中的核心骨干地位。未来，随着蒙内铁路运能的进一步释放和运输效率的进一步提升，蒙内铁路在肯尼亚交通运输格局以及国民经济和社会发展进程中的优势地位和强劲带动作用将进一步凸显。

3. 运管工作日后主要着力方向

（1）全力确保行车安全

行车安全是确保蒙内铁路维持正常运转的最基本要求和根本保障。蒙内铁路开通一年以来，运营部门杜绝了各类安全生产事故的发生，有力保障了铁路的有序运营。未来，运营部门将充分总结蒙内铁路开通第一年的运营管理经验，以全面运用中国铁路成熟的技术为基础，以全力确保蒙内铁路客货运列车

① 《蒙内铁路运营一周年，助力肯尼亚经济发展》，http：//www.ccteb.com/news/gsyw/2018/0605/2673.html。

运行密度提升为基本着眼点，在以下三个方面强力推进铁路的安全生产工作：

其一，坚决杜绝列车冲撞事故的发生。蒙内铁路机车采用中国铁路先进且成熟的运行监控记录装置（LKJ）。LKJ 装置通过对列车速度进行全程监控，可有效防止列车越过关闭的地面信号机；超过线路或道岔的允许速度或者机车、车辆允许的构造速度；机车以高于规定的限制速度进行调车作业；列车在停车情况下溜逸；列车超过临时限速，有效地防止列车事故。蒙内铁路的运营部门特别是机务部门将进一步结合铁路沿线的相关情况变化，及时更新和升级 LKJ 数据，同时加强对所有数据的分析和研判，全面强化对全部列车运行信息的全程掌控，防止列车因在运行的时候出现失控状态而导致事故的发生。与此同时，运营部门将充分利用安装在蒙内铁路全线 33 个车站的调度集中控制系统（Central Traffic Control），结合中国高速铁路的运营管理特别是调度经验，有效发挥集控系统的自我约束功能，确保该系统能够严格按照“技规”“行规”“调规”和“站细”等规则自动协调列车作业和调车作业的矛盾，精确控制列车进路和调车进路，全面加强对全线任意一个调度区段的监督和管控工作。运营部门还将进一步完善和利用蒙内铁路全线建立的 G 网络通信系统，确保沿线 33 个车站的管理和调度人员都可以使用特定的通信终端随时与运行列车的驾驶员建立联系，指挥列车运营，最大限度地确保列车的运行安全。此外，蒙内铁路还安装了中国铁路广泛运用的红外线轴温自动报警系统、绝缘自动检测装置、列尾安全监控装置等安全监控装备，运营部门将充分利用这些先进的技术装备，加强对所有运行列车的安全监控，最大限度地确保蒙内铁路维持行车事故的零纪录。

其二，坚决杜绝调车事故的发生。蒙内铁路目前安装中国铁路所采用的无线调车灯显指挥系统，运营部门将充分结合中国铁路的长期实践经验，确保调车指挥人可通过系统指挥司机调车作业，控制调车速度，及时发现和指出司机的不当操作，在必要的时候可以直接终止或纠正司机的错误操作，以系统自动化加人员监控的双保险模式防止调车事故的发生。

其三，坚决杜绝线路质量不稳定导致的列车运行事故。蒙内铁路引进了目前中国铁路速度最高的轨道检测车，可在高速运行的过程中全面、系统地检测和分析轨道、路基的各项安全技术参数，为列车的安全、平稳、舒适的运行提供必要的数据支撑。蒙内铁路的运营部门将充分总结通车一年以来的各项数据与相关经验，充分运用好轨道检测车的技术平台，在日常检测中及时发现轨道平顺状态不良的地点，以便采取紧急补修或限速措施，并确定应进行计划维修的里程段落，同时编制相应的维修作业计划，确保轨道质量状态稳定，有效防止列车事故的发生。

（2）推进运营管理的制度化

为了确保蒙内铁路的运营管理全面走向制度化和系统化，蒙内铁路的运营部门高度重视各项工作的标准化操作，力图以严格、统一、科学的操作制度指导全体员工积极承担各项工作。自蒙内铁路开通运营以来，运营部门以中国铁路成熟可靠的操作规范为依托，全面结合肯尼亚的实际情况，特别是肯尼亚当地气候条件以及当地员工的专业技能特点，制定了兼具中国标准与肯尼亚特色的标准化操作规程，全面实现了中国标准的肯尼亚本土化，确保了标准化的操作规程兼具科学性与实际可操作性。蒙内铁路运营一年以来，运营部门已经审核编印了 600 余万字的 126 项技术规章、77 项管理制度、19 项应急预案和 48 项综合管理规章制度，就机务、车务、车辆、工务、电务五大部门的各个具体工种的实际操作程序作出了明确而具体的规范，为蒙内铁路生产经营提供了完善的制度支撑，有效填补了中国铁路全产业链业务落地海外市场时在技术标准、管理标准和知识产权方面的弱项甚至是空白点。就蒙内铁路运营一年以来的实际情况来看，无论是参与管理的中国员工还是肯尼亚当地员工，都能够充分尊重规章制度，严格按照制度所规定的事项开展标准化操作，将中国标准与肯尼亚实际相结合的成果全面落实到工作的每一个细节之中，成为支撑蒙内铁路标准化操作的根基。运营部门未来将在全面总结蒙内铁路开通一年以来的成果和问题的基础上，一方面对既有的标准化操作规程进行局部优化和升级，使之能够更好地适应肯尼亚铁路运营管理的实际情况，特别是满足行车密度不断增大的现实需求；另一方面以现有的标准化操作规程为依托，全面编制以英语作为工作语言的标准化操作规程，确保肯尼亚本土员工能够尽快在铁路的运营和管理工作中发挥越来越重要的作用，直至具备全面独立承担铁路运管工作的能力。

（3）强化对沿线生态环境的保护

蒙内铁路的运营部门秉承线路设计和建造时的环保理念，以最大限度的保护沿线生态环境为基本着眼点，多措并举减少铁路运营特别是站段日常运作和列车运行所产生的废水、废气、废物对沿线的污染，将运营中的铁路真正打造成为一条绿色环保之路。具体而言，运营部门主要将以下几个领域作为落实环保政策的主要行动领域：

其一，尽量采购对环境影响和破坏较小的装备。除了前文所述的全部安装集便器的客运车厢之外，运营部门还要求所有的内燃机车、空调发电车安装废油的收集和回收装置，有效收集内燃机车、空调发电车所配备的大型柴油机在运营状态时所产生的废油，并将收集到的废油做集中统一处理，有效避免了废油在列车运行过程中直接排放或者滴漏到铁路沿线地区。此外，沿线各个站段所安装的以柴油发电机为代表的动力设备和设施也分别安装了废油的收集装置和废水、废气的净化处理装置。

其二，在日常生活中，高度重视各个站段的“废水”“废气”“废油”工业“三废”的处理工作。各生产车间按照统一规定建立固体工业“三废”集中存放场所，把生产过程中产生的“三废”分类存放，集中管理，集中回收。在生产车间集中的内罗毕南站、蒙巴萨西站等枢纽区域建立了垃圾的集中处理中心和废油统一处理站点，实行“三废”物质集中管理，集中处理，避免垃圾以及其他废弃物的随意抛洒对周边环境的污染和破坏。

其三，避免运行列车误伤沿线动物。除了在铁路设计阶段在野生动物主要栖息地建立高架桥，为野生动物预留桥下迁徙通道之外，蒙内铁路运营部门在其他路段的路堤两侧也做好充分的保护措施，避免零散的野生动物或者家养的牛羊等牲畜因侵入铁路界限内而受到通过列车的误伤。运营部门参照中国铁路干线两侧设立的隔离围网措施，在全线的路堤两侧逐步建设隔离栅栏，特别是在大象、狮子、豹子及长颈鹿等大型野生动物出没较多以及沿线居民放牧较为集中的地区设立隔离电网，有效防止各种动物误入铁路。此外，为了加强路堤外隔离栏的完整性，杜绝缺口或破损的出现，运营部门不断强化防护栅栏的巡查、防护、检查和维修工作，不仅在沿线的各个站点安装安保视屏监控系统，还聘请了3000多名肯尼亚武装警察或保安对全线的重点区段栅栏、重要车站进行驻守、巡查。蒙内铁路开通一年来，没有出现野生动物或者放养牲畜被列车撞死或撞伤的恶性事故。在以后的运营和管理过程中，运营部门将继续推进路堤两侧的安全围网或栅栏建设，力争尽快完成所有路段的安全隔离工程，为铁路正常行车以及沿线动物的安全提供强有力的保障。

（4）开发潜在货运市场

蒙内铁路作为一条以货运为主的交通运输大动脉，能否为巨大的运能寻找到稳定的货源将直接关系着铁路的运输量能否实现快速增长，投资建设和运营管理成本能否如期回收等问题。

自蒙内铁路开通运营以来，运营部门积极开发肯尼亚国内货运市场，充分加强与肯尼亚铁路局、港务局、各级政府和大中企业建立联系机制，并积极努力与国道公路运输、米轨运输、航空运输等行业部门共同编织起肯尼亚强大的物流运输体系，推动多种运输方式相互配合与衔接的“多式联运”，以铁港联运、公铁联运等方式推动集装箱在不同运输方式之间的高效率转运，逐步建立起以蒙内铁路为核心骨干的陆路交通运输网。与此同时，运营部门一方面积极帮助、推动肯方业主全面提高货运组织能力，强化调度指挥、货运业务办理、装卸作业等能力，另一方面积极协助肯尼亚铁路局开展营销外联，截至2017年年底已与135家有意向合作的以集装箱运输为主的公司建立了联络机制，而且多次成功地组织了有关费率清单澄清及货运市场推广会、东非铁路峰会等大型市场推介会。截至蒙内铁路开通一周年，运营部门的市场开发战略已经取得初步成功。由于铁路已经初步获得了稳定的货源，集装箱班列的开行数量已经在半年内翻了三倍。结合蒙内铁路未来即将适时开通散货服务的要求，运营部门继续与肯尼亚铁路局开展深度合作，陆续开始与沿线的城镇、产业园区开展全方位对接与合作，在继续巩固和扩大集装箱运输方面的成果和业绩的同时，积极拓展散货的市场，力争把蒙内铁路打造成为肯尼亚国内散货运输的交通大动脉。

（5）提升客运服务的便利性

蒙内铁路开通一年以来，客运列车凭借其舒适的环境、低廉的票价、准点的时刻、快捷的速度等优点，正在成为内罗毕、蒙巴萨两地以及铁路沿线居民长途出行的首选交通工具。运营部门本着以人为本的服务理念，将在充分总结蒙内铁路开通一年以来的成就与问题的基础上，继续在如何进一步方便当地民众乘车问题上狠下功夫，力争将蒙内铁路的客运打造成为一个长久不褪色的金字招牌。

其一，继续优化车站的交通衔接工作。由于涉及征地拆迁的成本控制问题，蒙内铁路的新建车站大都设置在途经各个城镇的外围地区，给选择乘车的旅客的出行带来了一定的困扰。蒙内铁路开通后，为了解决内罗毕南站旅客的乘车问题，运营部门协调肯尼亚铁路局重启内罗毕市区段米轨的短途客运，并根据蒙内铁路客运列车开行的时刻表，配套开行从内罗毕市中心前往内罗毕南站的短途米轨列车，以干线铁路与城市轨道交通相互配合的模式运送往返于蒙内铁路火车站与内罗毕市区之间的旅客，受到了广大出行乘客的一致好评。未来，运营部门将以内罗毕的“两铁”配合模式为依托，通过深挖蒙内铁路与米轨、中短途大巴的合作潜力，不断优化蒙巴萨西站以及沿线其他车站的配套交通条件，让越来越多的当地居民能够便利地搭乘蒙内铁路客运列车。

其二，继续优化旅客的购票和候车体验。蒙内铁路开通一年以来，运营部门为了进一步方便当地民众购买客运列车火车票，除了在沿线各个车站设立售票点之外，还开通了 USSD 网上购票、手机等移动终端购票的 APP 程序以及配套的移动支付程序，能够使消费者足不出户随时随地购买车票。未来，运营部门将进一步提升客户的购票体验，逐步引入诸如选座功能、订餐服务、无纸化乘车等个性化服务，进一步增强蒙内铁路客运服务的竞争力。此外，运营部门也在着力提升旅客的候车体验，自蒙内铁路开通以来，在内罗毕南站、蒙巴萨西站两大始发站分别新建了一等座旅客的专用贵宾候车区，受到通常选择一等座出行的公务、商务、旅游乘客的一致好评。未来，运营部门将充分总结内罗毕、蒙巴萨两大车站的运营和管理经验，在沿线其他车站新建类似的设施，全面满足乘客多样化的候车需求。

其三，继续研究实施多样化的旅客列车运行图。蒙内铁路开通一年以来，为了应对客运量的飞速增长，运营部门通过制定多样化的运行图增开旅客列车。最初开行的一对旅客列车由蒙巴萨、内罗毕两地双向对开，沿途不停靠任何车站，直达目的地，为两地间的直通旅客提供了便捷的服务；沿途其他大站逐步开放后，运营部门从蒙巴萨、内罗毕新增开一对双向对开列车，经停沿途主要车站，极大地方便了沿途居民的出行。未来，随着沿线其他小站的陆续开放，运营部门还将与肯尼亚铁路局协商，适时增购旅客列车车厢和客运内燃机车，满足增开经停所有车站旅客列车或者内罗毕、蒙巴萨两地近郊通勤列车的需求。此外，运营部门未来还考虑进一步占领客运服务的各个细分市场。例如，结合每年6—8月旅游旺季期间，大量游客前往察沃国家公园、蒙巴萨观光游览的实际情况，运营部门考虑可适时开行专门前往沃伊或者蒙巴萨的定制旅游专列，充分满足国内外旅游者的出行要求，使蒙内铁路在继续扮演肯尼亚国内客运黄金通道的同时，也逐步成为一条富有传奇色彩的旅游线路。

（二）蒙内铁路的重要意义

作为肯尼亚以及东非历史上的第一条现代化标准轨铁路，蒙内铁路的建成通车不仅标志着肯尼亚在落实本国“2030愿景”的道路上迈出了坚实的一步，而且也为东非一体化的深入发展作出了重要的贡献。从蒙内铁路开通一年以来所取得的辉煌业绩以及所发挥的深远影响来看，它不仅已经扮演了在经济社会等各个方面大力助推肯尼亚加快迈向现代化进程的强大助推器的角色，而且也将成为全面掀起东非基础设施互联互通建设大幕的标杆性项目。此外，蒙内铁路作为中国与肯尼亚在“一带一路”倡议框架下合作造就的旗舰型工程，其建设和运营工作的成功也强有力地论证了“一带一路”倡议是完全符合非洲国家现实发展需求的顶层设计，是新时期增强中非双方全面合作的重要基础。

1. **给肯尼亚的发展带来了深远影响**

蒙内铁路通车一年以来，始终维持高效且安全的运营记录，客货列车开行密度稳步提升，客货运输总量屡创新高，社会各界的认可度与满意度不断提升，不仅逐步成为沿途居民出行的首要选择，而且塑造蒙巴萨至内罗毕黄金走廊的逐步成型。具体而言，蒙内铁路给肯尼亚社会经济发展带来的积极影响主要表现在如下方面：

其一，蒙内铁路的建成通车，有效地改变了蒙巴萨至内罗毕交通运输紧张的局面。蒙内铁路建成之前，蒙巴萨港不仅要负责肯尼亚以及东非内陆国家货物的海路转运，而且其配套的海关要承担全部进出口货物的报关和清关任务，因场地有限且承担的工作复杂，常常导致货物在码头被大量积压，成为导致交通运输拥堵的首要原因之一。加之港口的货物集散和疏解途径为与之相连的 A109 国道上的卡车运输服务，近年来港口货运吞吐量激增给本来就十分有限的国道公路资源带来越来越多的卡车，而由此引发的严重交通拥堵不仅使运输的效率异常低下，而交通运输的成本却连年攀升。蒙内铁路通车后有效地改变了这种局面：从蒙巴萨港口减负方面来看，随着作为蒙内铁路西端配套工程的内罗毕集装箱内陆无水港于 2017 年 12 月投入使用，蒙巴萨港日后将只负责承担进出口货物的装卸船工作，以集装箱形式装载的货物的报关与清关工作划归新投产的内罗毕集装箱内陆无水港承担。蒙内铁路开通后，蒙巴萨港、内罗毕无水港共同分担货物进出口局面的开始形成，对于大幅减轻蒙巴萨港承担的繁重作业任务，有效减少货物在港口区域的滞留时间，具有明显的促进效果。从货物的运输方式来看，蒙内铁路正式开通货运服务之后，每日从赖茨港开往内罗毕无水港的集装箱专运列车开始逐步取代 A109 国道上的卡车，成为两地之间货物的主要运送方式。编组 40 节车厢的一列集装箱列车不仅一次性货物装载量接近同等情况下近50辆集装箱卡车，而且可以把货物在蒙内区间的运行时间从20个小时以上有效压缩至10个小时以内，安全高效地运抵目的地。目前，蒙内铁路的集装箱班列开行密度已经从货运服务开通之处的日均一班提升至日均三班，逐步为沿线的货物运输释放出巨大的潜能。得益于以上两个方面的变化，无论是蒙巴萨港口的吞吐量、周转效率，还是蒙内区间的货物运输总量、运输速度未来都将随着蒙内铁路运能的进一步释放得到显著提升，由此带来的最为直接的积极性影响是物流将实现40%的降幅。当前，在肯尼亚通过对外大力加强产能合作，对内大力加强产业园区建设来推动工业化和现代化发展进程的背景之下，物流成本的大幅下降将进一步扫除长期制约各类生产要素自由流动的障碍，增强肯尼亚国内市场的整体吸引力和竞争力，对于提升肯尼亚在东非乃至整个非洲产业链中的地位具有积极的推动意义。截至2017年年底，肯尼亚已经在蒙内铁路沿线建设或规划布局了多个产业园作为推动工业化发展的先行先试示范点。这些园区将通过蒙内铁路与蒙巴萨、内罗毕两地的港口物流基地全面实现无缝衔接，共同将铁路沿线打造成为肯尼亚经济发展以及产业升级所倚重的黄金运输通道。

其二，随着蒙内铁路正式开通运营，铁路的各个部门成为对肯尼亚专业技术人员开展新一轮培训的主战场。相比在蒙内铁路建设阶段各种形式的人才培养形式，蒙内铁路开通后更加注重对铁路专业人才的培养，为铁路的高效运转、安全运营提供必要的人才支持。截至2017年年底，蒙内铁路由中国路桥负责初期运营和管理，运营项目部面向中国国内铁路部门以及肯尼亚当地招收了相关的人员，其中以招收肯尼亚当地人员为主，作为参与蒙内铁路铁路运营的员工。在各个生产车间中，项目部目前采取中国技术人员与肯尼亚当地员工搭配的模式，由双方人员合作承担具体的工作。这种合作关系包含着两个层面的意思：一方面，中国技术人员与当地员工结成固定的“拜师学艺”的对子，其中中方人员将结合具体工种的相关要求，以“传帮带”的形式将自身所掌握的专业技能知识讲授给当地的员工，并且要确保当地的员工能够真正掌握相关技术要领；另一方面，在各个工种的实际操作中，中方人员本着最终全面实现当地员工承担全部工作的原则，在当地员工学习掌握相关技术的基础上，确保在合作过程中将更多的实践操作机会交给当地的员工，使其逐步实现由“配角”向“主角”的转变，直至最后能够独立承担起全部工作。蒙内铁路开通一年以来所取得的突出业绩已经证明，由中肯两国人员组成的合作模式不仅完全符合现代化铁路运营和管理要求，能够全面适应客货运输量快速发展的形势，确保了铁路长期高效、稳定、安全运营，而且满足了肯尼亚对本国人才培养的欲求，迄今已经确保了肯尼亚本地员工在各个生产车间和技术工种岗位上全面承担起各种工作重任。以客运车间的列车乘务员为例，在中方人员完成了针对相关专业技能的培训和初期带队实践后，完全由肯尼亚员工组成的六个列车乘务组目前不仅已经完全独立承担起任何一趟旅客列车上的所有乘务工作，而且全面承担了当前日均开行三对共六趟客运列车的全部乘务工作，是蒙内铁路所有车间和部门中最早和最快实现当地员工比例达到100%且能够独立承担专业技术工作的部门。其他部门的培训工作也分别进展顺利，当地员工已经可以在机务部门担任内燃机车副司机，在沿途车站担任值班站长，在车辆部门担任列检，等等。蒙内铁路的运营和管理所培养出的大量本地铁路专业技术人才，将有效提升肯尼亚劳动力的素质和专业技能水平，进一步巩固现代化标准轨铁路作为本国专业技术人才培养基地和储备库的地位，不仅为肯尼亚日后全面承接铁路的运营和管理奠定了基础，也进一步提升了肯尼亚加强对外产能合作、承接外方产业转移、加快本国实现工业化和现代化进程的能力。

其三，蒙内铁路正式运营通车后，其快速发展的客运业务对沿线居民的出行方式产生了巨大的影响。在此之前，沿线居民主要通过窄轨铁路客运列车和公路客车出行，旅途时速慢、准点率较差、安全性较低是其突出的特点。近年来，随着窄轨铁路客运服务的彻底关停，位于蒙巴萨、内罗毕两地的中高收入群体可以选择民航出行，而广大普通收入民众特别是蒙内区间其他没有民航机场的城镇居民只能选择仅有的公路客运出行。由于蒙巴萨港吞吐量持续激增，A109 国道上越来越多的货物运输卡车导致交通拥堵十分严重，致使公路大巴的运行速度、舒适性、准点率也在随之快速下降。加上价格并不便宜的票价，公路客运正在愈发成为长期处于垄断地位但却性价比极低的运输方式。蒙内铁路通车后，每日开行的客运列车为沿线居民提供了价格适中、方便快捷、安全舒适的客运服务，其性价比远远超过相同区间的公路和民航客运，成为广受沿线民众追捧的出行方式。蒙内铁路客运服务的开通给沿线居民的日常生活带来了深远的影响，主要体现在两个具体的方面：一方面，蒙内铁路的开通给沿线居民出行带来了极大的便利。最初由蒙巴萨、内罗毕每日对开的一站直达特快列车为两地间的公务、商务、旅游客流提供了理想的出行方式，有效解决了过去一直存在的出行成本过高、旅途耗时过久的问题。尔后，随着客流的持续攀升，沿线其他客运车站陆续开通客运服务，并且增加开行了经停沿途大站的客运列车，破解了长期困扰沿线居民的出行难的问题。沿线居民的追捧造就了蒙内铁路在客运业务上的亮丽业绩，客运列车的平均上座位维持在 95% 的高水平，客运列车的开行数量由最初的日均开行一对，增加到目前的日均开行三对，目前已经实现发送旅客总量 95 万人次，超出了可行性研究报告中对客运量的计算和预测。目前，客运量已经成为蒙内铁路超额完成设计指标的第一项内容；另一方面，客运列车的开行使沿线各地的旅客逐步养成了严格遵守时刻表的现代化出行习惯。无论是在窄轨铁路运输时代，还是在公路客运时代，由于火车和大巴的行驶速度较慢且准点率较低，因而沿线居民对时刻表的认识往往停留在非常模糊的阶段。由于蒙内铁路的列车严格执行时刻表运行，因而在开通初期频繁出现沿途乘客因为忽视时刻表而错过列车。随着蒙内铁路开通后在客运方面的金字招牌逐步打响，其高准点率的客运列车受到沿线居民的热捧。严格按照时刻表提前出行，为候车预留出足够的时间，正在成为越来越多沿线居民的出行习惯。因此，无论是出行便利程度的提升还是现代化出行习惯的逐步养成，蒙内铁路无疑给沿线居民的生活带去了切身的便利，使广大民众能够真正享受到肯尼亚现代化发展所带来的红利。

蒙内铁路的正式通车以及开通以来的良好运营业绩在一定程度上也带动了肯尼亚国内其他交通运输方式的发展。在蒙内铁路运营通车之前，肯尼亚国内的陆路交通运输格局先后经历了之前以窄轨铁路为骨干的时代以及后来以国道公路运输为主的时期。但两者普遍具有运量小、时速慢、成本高、效率低、安全性差的问题，难以与现代化标准轨铁路相竞争和抗衡。蒙内铁路正式通车后，凭借其先进的技术和稳定的运营逐步改变了蒙内区间的陆路运输结构。这种改变并非是蒙内铁路将原先的两种交通方式以零和博弈的方式赶尽杀绝，而是在引导二者配合自己发展的过程中为其注入全新的发展动力。这种良好的互动局面目前已经在内罗毕、蒙巴萨两地的客运市场初见端倪。在内罗毕，窄轨铁路的长途客运服务在多年前就已经关停，仅有的少数窄轨客运列车只偶尔负责承担近郊居民往来于内罗毕市中心的通勤服务。蒙内铁路的开通给窄轨铁路的近郊客运运输注入了全新的动力。由于铁路的终点站内罗毕南站位于市区外围，为方便市区乘客前来乘车，蒙内铁路运营部门与肯尼亚铁路局就实现两种轨距列车乘客的换乘达成协议。根据合作计划，肯尼亚铁路局将结合蒙内铁路客运列车时刻表，安排开行往返于市中心内罗毕火车站与内罗毕南站之间的窄轨客运列车，负责为蒙内铁路接送到达或出发的乘客，实质上发挥了市内轨道交通的作用。随着蒙内铁路开通后客运列车密度的逐步加大，窄轨铁路的近郊列车的日均开行数量和频次也随之水涨船高，开行准点率和营业收入较之前水平有了显著提升，目前已经成为蒙内铁路客运服务不可或缺的配套性项目，发展前景十分乐观。除了窄轨铁路的近郊客运之外，公路大巴的近郊客运也在随着蒙内铁路的开通而迎来发展新机遇。以蒙巴萨为例，由于蒙内铁路东端始发站蒙巴萨西站位于远离市区的丘陵之上，加之附近没有像内罗毕南站一样平行的窄轨铁路，因此往来的乘客需要搭乘大巴车往返于火车站和市区之间。由于蒙内铁路客运开通后，由蒙巴萨通往沿途其他城镇的大巴运输量逐步受到冲击，部分大巴车主紧抓蒙巴萨西站配套通勤服务相对滞后的机遇，及时转型为通勤班车，为自身的业务发展寻找到了全新的增长点。随着蒙内铁路的客运量持续走高，蒙巴萨西站的通勤服务对大巴运输的带动作用也正在变得愈发明显。从以上两个方面来看，蒙内铁路在改变肯尼亚国内既有陆路交通运输格局的同时，也在推动原有老旧、落后的交通运输方式在实现转型的过程之中获得全新的发展机遇。这种全新的搭配与合作格局的形成，对于指导那些在交通运输格局变化中受到蒙内铁路冲击的其他行业积极实现转型发展，具有很强的示范性意义。

2. 实质性带动了东非铁路互联互通建设

蒙内铁路所在的位置不仅是肯尼亚经济最为发达，人口最为稠密的地区，同时也是东非北部国际陆路通道的最东端，是乌干达、卢旺达、南苏丹等内陆国家通往印度洋出海口最为便捷的出行通道。根据肯尼亚的规划，蒙内铁路是以东非北部国际通道为基础构建东非现代化铁路网的重要组成部分和先导工程，未来蒙内铁路将进一步向西延伸，不仅彻底打通肯尼亚东西交通通道，而且预留向乌干达等国进一步延伸的条件。考虑到蒙内铁路已经在东非北部通道的咽喉路段先行发挥了“车同轨”的占位优势，其所使用的中国技术标准和经营管理模式将在很大程度上影响后续西延工程。就在蒙内铁路主体工程接近完工的2016年10月，作为蒙内铁路的西延工程，内罗毕至马拉巴（Malaba）现代化标准轨铁路（内马铁路）项目一期工程举行开工典礼，标志着由蒙内铁路带动的东非铁路互联互通建设正式拉开了全面实施的大幕。

内马铁路与蒙内铁路一样，全面采取中国技术标准，由肯尼亚与中国路桥合作建设，是蒙内铁路向西的延长线。内马铁路南端接轨于蒙内铁路的西端终点站蒙巴萨南站，并与蒙内铁路在站内实现线路贯通，尔后由内罗毕向西北方向引出，至柯东（Kedong）后改为向西延伸至隆戈多火山西侧，至奈瓦沙工业园区后折向西南绕过东非大裂谷西侧高地，转向基苏木方向行进；从奈瓦沙出发后，线路向西途经塞亚贝（Seyabei）、纳罗克（Narok）、博米特（Bomet）、索迪克（Sotik）、松杜（Sondu）、阿海罗（Ahero）至维多利亚湖东岸的基苏木；从基苏木出发后，线路向北途经布泰雷（Btale）、穆米亚斯（Mumiyasi）至边境城市马拉巴，预留与乌干达境内的新建铁路进一步接轨的方案。按照中国路桥与肯尼亚达成的建设方案，全长487.5公里的内马铁路将分三期实施：一期建设内罗毕至奈瓦沙路段，总长度120公里；二期建设奈瓦沙至基苏木路段，总长度250公里；三期建设基苏木至马拉巴路段，总长度118公里。其中，一期作为优先实施项目，二期项目适时启动，三期作为远期启动项目。

内马铁路一期总长度为120公里，其中路基、场站的长度为87.98公里，约占全线总长度的73.3%。正线桥梁的数量为37座，总长度约23.96公里，占全线总长度的20%，其中最长的桥梁是为保护内罗毕国家公园生态环境而设计建造的大型高架桥，全程8.6公里，是全线的控制性工程。全线共建设隧道4座，总长度为7.8公里，占全线总长度的6.7%。目前，内马铁路一期已经全面进入实质性施工阶段，各项工程进展有序，预计2019年建成通车。二期工程目前也在有序推进。

蒙内铁路的顺利建设、通车为内马铁路的建设进行了必要的探索，积累了宝贵的经验。总体来看，内马铁路的建设目前是在全盘复制蒙内铁路在环保、用工等方面的设计和施工理念，实际承建各个标段的建设方基本上都是承建蒙内铁路的施工方。蒙内铁路当前的成功运营和管理模式，未来也将为内马铁路的运营和管理奠定坚实的基础。因此，在这些前提性条件的共同保证之下，内马铁路将和蒙内铁路一样，成为一条环保、高效的现代化铁路运输通道。随着未来蒙内铁路和内马铁路一期的贯通运营以及内马铁路二期、三期的陆续开通，一条由蒙巴萨起始，一直通往大湖地区的现代化标准轨铁路通道即将成型，肯尼亚、乌干达、卢旺达、南苏丹等国实现铁路互联互通，建设东非现代化铁路网的宏伟战略规划也将随着蒙内铁路、内马铁路的相继建成通车而照进现实。

3. 有效回应了西方对“一带一路”倡议的质疑

蒙内铁路是中国与肯尼亚在“一带一路”倡议框架下合作建成的项目，也是目前“一带一路”倡议提出之后中国在非洲建成的投资规模最大的项目。简言之，蒙内铁路是“一带一路”倡议在非洲促成的旗舰型工程之一，代表着近年来中非合作的最高水平。蒙内铁路也正是由于拥有了这样的特殊地位，因此自该项目立项之日起就受到了别有用心的西方媒体、政客、非政府组织的广泛质疑，甚至是刻意抹黑，企图以此作为全面解构中国“一带一路”倡议，诋毁中非合作的切入点。然而，无论是蒙内铁路的建设过程还是开通后的辉煌运营业绩都在逐个驳斥了西方人的质疑，为“一带一路”倡议框架下的中非合作正名。

其一，蒙内铁路是由肯尼亚实现发展需求拉动，中国合作参与的大型基础设施建设工程。质疑者在论及蒙内铁路之时，总是将一百年前英国殖民统治者修建的窄轨铁路加以类比，暗指中国正在推行“新殖民主义”政策，像英国殖民者一样，把肯尼亚当地社会本不愿接受或者无意主动接受的标准轨铁路强加给当地社会。但事实恰好相反，蒙内铁路项目的设想恰恰是由肯尼亚自己提出，并且被列入“2030 愿景”的优先实施工程，目的是满足国内以及整个东非北部地区日益增长的运输需求，为经济和社会的快速发展提供强大的支撑。作为肯尼亚合作伙伴，中国是在充分支持肯尼亚铁路发展战略的前提下，充分运用改革开放四十年来在铁路设计、建设、运营方面取得技术进步与成功经验，具体承担了铁路的设计、建设以及初期运营和管理工作，从资金、技术、经验方面为肯尼亚的铁路发展提供了一揽子的现成解决方案。事实证明，中国的设计理念和建设技术完全满足了肯尼亚对于铁路建设和管理的要求，而铁路开通后客货运量的持续走高也足以说明当地社会对此的认可和接受程度。总之，蒙内铁路是中国集合自身技术进步支持肯尼亚落实国家发展规划的工程，是新时期中非双方互利合作的样板。

其二，蒙内铁路所使用的装备和技术代表着同期中国铁路的最高水平，是一条与中国发展水平完全同步的现代化标准轨铁路。批评者在质疑蒙内铁路时曾认为，中国在“一带一路”倡议的框架下推动蒙内铁路建设，实质上是把中国国内生产过剩的落后产品倾销给肯尼亚，代表性依据是中国国内的干线铁路都已经实现了电气化，列车最高时速已经可以到达每小时 300 公里以上。反观蒙内铁路，仍然采用内燃机车牵引，最高时速只有每小时 120 公里，仍然维持在中国铁路 20 世纪末的水平。

事实上，这种观点是在故意混淆中国高速铁路、普通铁路概念而得出的错误结论。除去列车时速在每小时200公里以上的高速铁路之外，中国广大普通铁路列车的时速都维持在每小时200公里以下，其中客货混跑的I级干线的最高时速维持在每小时160公里以下，以货运为主的I级干线的最高时速维持在每小时120公里以下。从这个标准来看，蒙内铁路属于以货运为主，兼顾客运服务的I级干线普通铁路，与中国技术标准完全同步。蒙内铁路所使用的内燃机车、客运车辆均为中国干线普通铁路上当前使用的成熟产品；货运车厢更是全面采用了单节载重70吨的车辆，技术标准高于中国铁路当前普遍采用的单节载重60吨的铁路货车。此外，蒙内铁路预留了进行电气化改造的条件，等未来肯尼亚电力供应稳定或者铁路运量进一步增长时，可以考虑予以实施。这些特征都表明蒙内铁路是中国采取国内同步技术，在充分结合肯尼亚实际发展需求的基础上建造的兼顾技术与成本的标杆性工程。

其三，蒙内铁路开通后的良好运营业绩表明，该项目正在按照肯尼亚的预期设想，充分发挥其应有的社会和经济价值。西方批评声音认为，肯尼亚提升改造其既有窄轨铁路足以满足客货运输的需求，与中国合作建设现代化标准轨铁路特别是接受中国提供的融资支持，将使肯尼亚未来陷入巨大的债务压力之中。这种观点固然指出了肯尼亚当前财政能力有限的不足，但却忽略了蒙内铁路投产后给肯尼亚经济发展带来的全新动力，其立论基础仍然是建立在蒙内铁路无法正常运营的主观臆想之上。按照肯尼亚方面的预测，蒙内铁路不仅将大幅降低沿线的物流成本，同时将创造大量的就业岗位，为全面优惠肯尼亚的投资环境，提升其对外承接产业转移的能力，可以为全国经济发展贡献年均1.5%的增长速度。蒙内铁路开通后的实际运营状况完全符合肯尼亚方面的预期，客货运量快速增长，其中客运仅用半年多的时间就完全超过预先设计，货运也在稳步增长，发展前景总体保持良好状态。因此，蒙内铁路的建设历程表明，中国的资金支持为肯尼亚加快本国现代化交通设施建设提供了强大的支持，其根本目的并非是用所谓的债务手段“控制”肯尼亚，而是为了确保肯尼亚以铁路建设为契机尽快实现经济和社会的快速和良性发展。

第四章　国有企业合作、高校合作捷足先登

（一）中国武夷带动建筑业革命性变化

中国武夷实业股份有限公司是福建建工集团总公司独家募集设立的股份公司，是一家以房地产业为基础，以投资开发为重点的大型企业。目前，中国武夷在肯尼亚设有分公司，是进驻肯尼亚市场较早，业绩较为突出的中国国有企业之一。近年来，中国武夷紧抓中国提出“一带一路”倡议的有利契机，鼎力支持中肯两国的基础设施建设合作、产能合作，陆续承担了一系列重点工程的建设重任，有效地改善了肯尼亚当地居民的民生，成为活跃在肯尼亚建筑市场的一支强劲中国力量。中国武夷近期承建的代表性工程主要包括 A2 国际公路通道北段工程、建筑工业化研发生产基地及建材仓储超市等项目。

1. A2 国际公路通道北段提升改造工程

A2 南起肯尼亚首都内罗毕，向北通往埃塞俄比亚南部重镇阿瓦萨（Awasa），不仅是连接肯尼亚与埃塞俄比亚唯一的国际通道，同时也是全非洲公路网中从埃及通往南非的国际陆路通道的重要组成部分，战略地位十分重要。尽管如此，由于“冷战”时期长期存在的意识形态对抗以及“冷战”结束后的地缘政治因素的影响，作为东非第一大经济体的肯尼亚长期以来并

未将向北对接位于非洲之角次区域内的埃塞俄比亚作为主要的外交发展方向，加之 A2 公路所穿越地区大部分为干旱、半干旱的草原或沙化的贫瘠土地，特别是北部路段远离肯尼亚核心地区，常被戏称为是“另一个国家”，因此整条公路多年来都没有受到足够重视，不仅路面长期处于无人维护保养的局面，而且沿线的治安环境愈发恶化，抢劫袭击过往车辆的事件频繁出现。年久失修的道路加上恶劣的自然环境以及愈发恶化的治安环境，使这条路一度被人们称作是“死亡之路”。

近年来，随着肯尼亚国内社会经济发展速度不断加快以及非洲区域一体化发展不断走向深化，肯尼亚迫切需要加强与周边国家在基础设施上的互联互通建设，A2 公路被当作向北的国际陆路通道予以重点建设，成为“2030 愿景”中规划建设的国家公路网的重要组成部分。A2 公路的现代化改造采取分段推进的形式，其中 2012 年启动的是公路的最北端部分，也是最后一部分，由肯尼亚境内的托比（Turbi）至肯尼亚与埃塞俄比亚的边境摩亚雷（Moyale），全长 129.63 公里。工程造价约为人民币 9.16 亿元，工期 36 个月，出资方为非洲发展银行和肯尼亚政府。该项目由中国武夷中标承建，是该公司目前在海外承接的规模最大的工程。工程完工后，该区间的公路将升级为 A 级公路，成为实现肯尼亚与埃塞俄比亚两国交通设施互联互通的桥梁。

（1）鼎力助推非洲国家间互联互通建设

此次托比至摩亚雷路段的整体提升改造工程是中国武夷与 A2 公路的第二次结缘。早在 2008 年，中国武夷曾参与 A2 公路分段改造的南段工程，与中国水电、中国石化胜利油田两家中国企业联合承建了从内罗毕至锡卡（Thika）的 A2 公路 50 公里路段的改扩建项目。经过三家中国公司三年多的共同努力，最终于 2012 年完成全部工程项目。扩建后的内罗毕至锡卡路段采取高速公路标准，宽度由原来的双向四车道增加到双向八车道，确保车辆时速可以从每小时不足60公里提升到每小时100公里以上。截至目前，内罗毕至锡卡路段不仅是A2公路全线标准最高的区段，也是肯尼亚国内公路网中标准最高的路段之一，广受当地民众的好评。中国武夷在内罗毕至锡卡路段的卓越建设成就为其在2014年再度中标A2公路北段的改造工程奠定了坚实的基础。

托比至摩亚雷道路改造项目被中国武夷称作“新A2项目”。作为A2公路全线条件最差的一段道路，中国武夷工程项目部在推进改造工程的进程中面临着诸多挑战：其一，既有道路主要为砂石路和土路，车辆通行条件较差，不利于承建方的大型筑路装备和运输车辆的高效率进出以及大规模施工的展开；其二，气候条件十分恶劣，每年自9月开始进入持续数月的大雨季，特别是2014年和2015年，受厄尔尼诺现象的影响，大雨季的时间较往年更长，降水量高于往年同一时期的水平，不仅让施工人员和设备难以正常开展工作，而且频繁地冲垮已经建成的道路路基；其三，由于地区偏远，肯尼亚政府对当地的综合治理和管理能力相对薄弱，除了导致征地工作进度严重落后于预定计划，而且也无法有效应对工程沿线不容乐观的社会治安问题，施工期间频繁出现不法分子盗抢施工建材以及袭扰建筑工人的情况，在一定程度上妨碍了工程的正常推进。

为实现保质保量按期完工的目标，工程项目部制定了“三个节点”的目标任务，即2016年1月31日前，除114公里桥梁大填方和115公里石方路段外，实现主路通车；2016年3月31日前实现移交0公里标至100公里标区段内的道路；2016年5月31日前实现全线通车并竣工验收。为确保三大节点目标的如期实现，项目部多措并举，因地制宜科学制定施工方案。针对降雨量大、降雨时间长的问题，项目部制定雨季施工方案。例如，为避免土方因降雨而坍塌，土方施工组采取分小段推进施工，及时摊铺、碾压，同时在施工段落做好临时排水，并尽可能地抓住有利的施工天气加班加点，把暴雨的影响降到最低。针对沿线长期不容乐观的安全形势，项目部始终把安全问题放到各项工作的重中之重，千方百计地保证中肯员工安全和安全生产，狠抓日常安全管理，强化营地安全，加强对保安、民兵的管理，增强所有员工的安全防范意识和自我保护意识，同时为每个施工工地配备足够的安保力量，并且将武装巡逻与现场施工安全巡查完全制度化。此外，项目部还就施工人员的安全问题与肯尼亚当地政府保持着密切的联系，积极获取他们的支持与配合。针对征地拆迁工作严重滞后的问题，项目部为了最大限度地得到当地民众的理解和支持，减少纠纷干扰，在积极催促监理业主协调处理之外，还加强和当地政府、地方领导及长者沟通，积极履行社会责任，为当地社区修路，运送石沙，积极提供工作机会，等等，同时就工程的积极意义加强宣传工作，为工程的顺利推进提供良好的外部舆论环境。

在历经两年建设之后，A2 国际公路通道托比至摩亚雷路段于 2016 年 5 月 31 日全面竣工通车。新修的道路全部为沥青铺设的 A 级平整路面，满足车辆行驶速度达到每小时 60 公里以上的要求。从托比至摩亚雷公路改建项目的竣工通车，标志着整个 A2 国际公路通道的现代化改造项目全面竣工，从内罗毕前往肯尼亚与埃塞俄比亚边境的公路行车时间由过去的三天压缩到现在的 10 个小时左右。中国武夷用按期交付的高质量工程证明了自身强大的工程施工技术能力和企业管理能力，用实际行动支撑了非洲国家间基础设施互联互通建设。

（2）积极承担社会责任引领企业品牌建设

在承担 A2 国际公路通道建设的过程中，中国武夷始终秉承“社会价值高于利润价值”的理念，在按照工程预定计划推进组织施工工作，按计划完成“三大节点”任务的同时，以积极帮扶沿线欠发达地区的居民生活为基本着眼点，无偿建设了一批旨在改善当地居民日常生活的民生工程，将承担社会责任作为加强企业与工程沿线居民沟通与交流，树立企业良好形象的重要举措。自 A2 公路项目上马以来，中国武夷通过积极承担社会责任而为沿线居民援建的民生工程主要包括：

其一，为沿线居民无偿援建小学。弗南雅塔（Funanyata）村小学位于工程项目 102 公里处，是附近居民社区小学生集中就读的场所。2014 年年初，在当地的族群冲突中，校舍墙体摧毁严重，屋顶被烧毁，全校学生一度被迫停课。即便在学校复课之后，由于缺少足够的教室，甚至出现了多个年级的学生挤在一间残破的教室里上课的局面，严重影响了学校的正常教学秩序。项目部得知到这一情况后，立刻实地调研学校的受损情况，并当机立断决定为学校援建新的校舍。援建校舍为砖混框架结构，由两间教室组成，室内面积为 140 多平方米，最多可容纳约 120 名小学生同时上课，总造价为 180 万肯尼亚先令，由项目部负责设计和全额出资建设。为保证校舍建设工程能够按照预定工期于三个月内全部完工，项目部亲自负责校舍主体结构的混凝土浇筑工作，其余的辅助性工程分包给当地的承包商完成。新校舍的如期顺利建成，有效解决了当地学生无校舍可用的燃眉之急，受到了附近村庄居民的一致好评。

其二，为沿线居民无偿建设储水设施。摩亚雷地区属于半干旱地带，区域内缺少大型的地表河流，地下水位埋藏较深，致使在此生活的居民面临着较为严峻的缺水问题。为了满足日常用水的需求，当地居民或者需要徒步行走很远，前往有限的地表水聚集地取水，或者是挖掘容量有限的水窖储存降雨时遗留的雨水。由于水资源十分有限，仅有的几处地表水源地往往成为不同村庄与族群之间激烈争夺的对象，甚至因此引发居民之间的多次集体冲突，使工程沿线的安全形势不容乐观。为了解决周边居民严峻的用水形势，缓和不同族群以及村庄之间的关系，项目部决定出资为工程沿线的摩亚雷居民建设稳定可靠的储水设施。结合周边的地理环境与当地居民的日常用水习惯，项目部决定就地开挖建设水塘，以大量储蓄地表水的方式帮助沿线居民解决用水的问题。为了高质量地完成水塘建设工作，项目部动用公路建设工程中所使用的大型挖掘机和运输车，不仅按计划完成所有土方的开挖和清运工作，而且对开挖完毕的水塘进行相应的防渗处理，使之能够具备大量存储天然降雨后的存水条件。在A2公路北段的施工期间，项目部总共修建了10个大型储水水塘，为沿线居民的日常生活、农业生产、畜牧养殖提供了稳定的水源供应①。在全面解决人们的用水危机的同时，也为建设村庄间和族群之间的和睦关系作出了重要贡献。

2. 建筑工业化研发生产基地及建材仓储超市

建筑工业化研发生产基地及建材仓储超市是中国武夷践行中国提出的“一带一路”倡议，实施中肯国际产能合作，打造高科技、节能、环保、优质的住宅产业化全产业链示范项目。近年来，肯尼亚经济社会都呈现出良好的发展势头，而由此带来的城市化浪潮也在成为伴随肯尼亚发展的一个不容忽视的现实问题。随着大量的人口涌入以内罗毕为代表的中心城市定居生活，势必对城市住宅的数量和质量都提出了更高的要求。中国武夷准确把握了肯尼亚城市化进程快速发展的机遇，以中肯两国全面深化产能合作为契机，投资建设建筑构件的生产工厂和相关器材的销售超市，着力通过优惠的产品价格和过硬的产品质量降低肯尼亚广大中低收入群体的住房成本，切实提高肯尼亚城市化进程的质量。

本项目位于内罗毕市区东郊，紧贴内罗毕至蒙巴萨的A109国道，距离乔莫·肯雅塔国际机场以及新开通的蒙内铁路内罗毕南站、集装箱内陆无水港不远，交通位置十分便利。项目用

① 《中国武夷的非洲故事》，http：//www. gulfinfo. cn/info/show-5692. shtml。

地红线面积为29.6英亩，总建筑面积为5.8万平方米，总投资为1亿美元，由中国武夷负责投资、建设、运营的全部环节。根据设计规划，本项目将是集装配式钢筋混凝土预构件、产业化部品部件等建筑工业化制造、研发、销售、展示为一体的现代化建筑产业工程，主要建设包括预制构件生产厂、制砖厂、建材超市、商务酒店、办公以及生活配套等内容。建材超市引入中国优质建材，结合中国武夷跨境电商，结合建筑工业化，专注于住宅的产业化，提供线上线下全方位的物流配送服务。项目全部建成投产之后，将从产品、服务、理念上为肯尼亚的建筑业带来革命性的变化。

（1）建筑工业化生产突出节约和环保理念

本项目是中国武夷在海外投资建设的第一个建筑工业化项目。项目部通过仔细研判肯尼亚当地市场的形势，从德国引进与世界技术同步的先进生产线，包括钢筋网片自动焊接机、混凝土布料机、堆垛机等设备，由统一的中央控制系统负责整个生产程序的操控，主要生产叠合楼板、实心墙板以及楼梯、窗台、预制地下管廊等异型构件。

混凝土建筑构件的专业化生产实质上是建筑模块化理念与工业流水化生产的有机结合。中国武夷通过建设混凝土构件的生产线，目的是将在发达国家日臻成熟的模块化建筑理念逐步引入城市化水平、建筑市场仍旧处于发育成长阶段初期的非洲国家。推进房屋建筑全面走向模块化具有十分重要的意义：其一，推动建筑部件的集中和批量生产，可以有效降低房屋的建设成本，进而使建成后的房屋销售和租赁价格大幅下降，相应降低广大中低收入群体的购房或租房成本。据测算，通过推进建筑物的关键部件实现模块化的预制生产，可以使整个建筑物的建设成本至少降低30%以上；其二，推动建筑构件的集中统一生产，可以有效避免分散施工的工地给周边居民的正常生活带来的噪声、扬尘等污染问题。在实施建筑构件的集中统一的生产过程中，项目部严格遵守肯尼亚的环保法规的相关规定，对混凝土、水资源的使用状况进行严格的监控，确保粉尘、噪声、污水的排放完全不会对周边环境产生任何不良的影响。

为确保所有混凝土预制件产品的质量维持稳定，项目部引入Planbar操控软件，全程掌控包括通用部件的大规模流水线模式生产以及专用定制部件的专门化生产的全过程，严格监控包括钢筋铺设、混凝土生产、混凝土浇筑成型、震动捣固、成品的打磨、成品件的养护等工序，确保所有的工程构件能够按照客户的要求，保质保量地按照预定计划予以市场交付。这种监管模式在保证产品的结构能够全面适应当地市场多样化需求的同时，又能够始终如一地保持稳定的产品质量，具有十分重要的意义。

信息管理系统是项目部对本项目实行全面数字化管理的系统。作为全面联系着研发、生产、销售部门的信息体系，整个系统负责监督和显示所有给定项目的结构和状态，能够详细准确地显示出与之相关的所有数据，或者将其呈现为一种可视的模型，加上相应的图形和表格，以供管理人员进行实时的跟踪与掌控。正是凭借这种信息化的系统，人们可以实现对某个生产部件从订单到生产再到销售的全过程监控，确保了整个的过程清晰明了，将公司的生产能力与市场的实际需求以及自身的品牌建设实现了有机的融合。

截至目前，项目部推广的新型建筑理念已经逐步获得了当地消费者的认可，厂区内的各条混凝土预制件的生产线已经逐步建成投产，并且已经开始接受肯尼亚当地市场的订单生产任务，初步成为在当地市场享有一定美誉度的新型建筑商。

（2）线上+线下模式助推建材超市建设

除了涉足建筑构件的生产环节之外，中国武夷推动肯尼亚建筑行业走向低成本化的另一项重要途径是在本地搭建专业化的建材超市，利用线上销售与线下分拨的方式推动建筑材料在当地市场的销售。根据项目的总体规划，中国武夷将引入在中国国内市场日臻成熟的“互联网+”模式，将名优品质的中国建材，特别是将来自福建省的优质建材引入肯尼亚市场，主要包括装饰建材、基础建材、板材、瓷砖、地板、厨房、卫浴、装饰材料、装修工具、管材管件、电工电料、五金器材、灯具、油漆涂料、家具、园艺、家电设备等内容，而后结合肯尼亚国内的陆路交通运输网络，将优质的建材产品逐步分拨到肯尼亚国内的各个地区，以批发或者零售的方式满足当地市场的多样化需求。

此外，中国武夷在将智能化理念引入混凝土建筑构件生产与模块化建筑建设全过程的同时，也将其作为选择建材超市上架货品种类的重要标尺。在房屋的建设方面，中国武夷推荐为每间建设房屋配备智能化的管控设施，主要包括屋顶太阳能光伏发电系统、雨水回收和中水回用系统，甚至包括智能家居系统、智能温控系统、智能检测系统。因此，在建材超市的上架货品选择方面，中国武夷在注重传统的家居建材销售的同时，也逐步引入与智能家居管控系统相适应的新型家具建材，作为向肯尼亚市场推广低成本、节能、环保房屋装修装饰理念的重要途径，有效辅助其在建筑市场推广模块化建筑理念的试水尝试。

目前，建材超市的主体建筑工程已经全部完工，正在进行内外装修工作，预计2018年下半年将全部建成投产。建成后的建材超市将成为肯尼亚第一家也是规模最大的专业化建材销售商店，不仅将为肯尼亚当地市场提供性价比超高的中国建材和家具产品，也将和隔壁的混凝土建筑构件预制厂房一起构成中国武夷深耕肯尼亚建筑市场的桥头堡和根据地。

（二）中航工业创新职业教育模式

成立于1979年的中国航空技术国际控股有限公司（以下简

称“中航国际”，英文名称 AVIC International Holding Corporation)，是一家面向全球的多元化控股企业集团，由中国航空工业集团公司控股。业务涉及航空、电子、国际业务、现代服务业等。旗下拥有 8 家境内外上市公司，在全球 60 多个国家设立了 150 多家海外机构，客户遍及 180 多个国家和地区。中航国际以航空业务为核心，着眼全球航空产业链和商业生态，重点发展航空供应链服务、航空制造服务和运营服务。业务涵盖国际航空技术合作、航空物流、原材料及航空标准件供应链集成服务、转包生产和航空零部件制造、航空制造装备采购与集成服务、通航发动机制造与服务、民机销售与售后服务、通用航空与飞行培训、航空维修、招投标业务等领域。

中航国际与非洲 21 个国家有业务往来，其中肯尼亚代表处已经在肯深耕二十多年，业务涵盖了航空、职业教育、基础设施建设总包、地产投资等多个领域。中航国际持续秉承“超越商业共创美好世界”的理念，在肯尼亚及非洲开展了多项职业教育等有利于当地社会民生的项目，一方面帮助中国企业“走出去”，践行“中非区域航空合作”与国家“一带一路”倡议；另一方面，也树立了中国国家形象，履行了一个国企应尽的责任。中航国际创立和负责的中肯职业教育合作项目不仅帮助中国装备“走出去”，还提高了肯尼亚年轻人的职业技能和就业水平，不仅结合了中国职业教育的经验，也结合了肯尼亚的实际需求，是中航国际在非洲深耕多年后探索出的“非洲模式”。

1. 代表国家希望的肯尼亚国家青年服务队

肯尼亚国家青年服务队（National Youth Service，英文简称 NYS）是肯尼亚独立后第一个以动员民众建设家园、减少青年失业率为目标而建立的机构。在国会法案的推动下，肯尼亚国家青年服务队成立于 1964 年 9 月 1 日，是肯尼亚青年与体育部下属的一个“准军事化”青少年组织，承担着团结、教育、培养青年人才的重任。国家青年服务队以培训驾驶、机械维修、农业种植、缝纫、编织、饮食服务等实用技能为主，同时，还承担国家经济建设的任务，例如承担国家基础设施建设、工程承包和公益事业等项目。1966 年，国家青年服务队招收了首批女青年加入该组织，截止到 2018 年年初，共计 22000 名女青年加入国家青年服务队，她们所接受的培训技能同男青年一致。组织成立之初，所有肯尼亚高中生都必须义务加入青年服务队接受培训。直到 20 世纪 80 年代末，对大学生以下学历人才的招录才变为自愿加入政策，并延续至今。国家青年服务队每年招收人数在 4000 名左右。2013 年，肯尼亚政府对肯尼亚国家青年服务队进行了结构重组，以便青少年更积极地参与国家发展建设。2014 年 9 月 10 日，重组后的国家青年服务队正式亮相。根据肯尼亚国家青年服务队官网最新数据显示，近期该组织拟计划招收 26000 名青年人，该计划可使更多青年人有机会发掘自身潜能、实现自我目标。

国家青年服务队对肯尼亚经济建设贡献颇多，但 20 世纪 70 年代末和 80 年代初更新的一批法国和日本援助设备，至 20 世纪 90 年代设备已经陈旧老化。由于设备老化带来的问题不断出现，设备性能已经跟不上经济建设的需要。

在这样的背景下，1996 年，中航国际开始与肯尼亚国家青年服务队洽谈引进工程机械的事宜。当年，肯尼亚国家青年服务队工程机械项目完成立项，奠定了该项目的第一块基石。项目顺利奠基之后，因为种种原因，合同一直未能落实。直到 2007 年 12 月 27 日，中航国际成套设备有限公司（以下简称“成套公司”）、中航国际北京有限公司（以下简称“北京公司”）和肯尼亚国家青年服务队终于正式签署了对外合同。国家青年服务队工程机械项目总额 5500 多万美元，占当年中肯贸易总额的 5% 左右，是肯尼亚近几年来最大的国家级项目之一。

国家青年服务队之所以一直未能更新机械工程设备，主要原因是缺乏资金。项目签署合同之后，成套公司经过一番努力，最终使肯尼亚国家青年服务队工程机械项目成为中国政府的优惠贷款项目。2009 年 5 月，中国进出口银行与肯尼亚财政部确定完成贷款合同细节。

2009 年 6 月 14 日，肯尼亚工程机械项目合同生效协议正式签署。北京公司则一直在积极“备货”。肯尼亚国家青年服务队项目涉及产品 173 项，其中包括载货车、特种车、工程机械、农业机械、汽保设备、机床以及 IT 设备等，各种产品总数量多达 3942 台（套）。从签署合同到 2009 年 11 月机械设备在天津港出发，北京公司的业务人员与各工厂进行了多达 50 余次的合同谈判，涉及工厂 20 家。设备交付不久，肯尼亚国家青年服务队就开始帮助政府和企业铺路、打井、修坝，2011 年为国家青年服务队创造收入达 1600 万美元。

2011 年，国家青年服务队向肯尼亚议会汇报机械工程设备的使用情况，引起了极大反响。肯尼亚议会议长向国家青年服务队提出建议，希望国家青年服务队继续和中航国际以及中国政府保持沟通，了解是否有做二期项目的可能。在了解以这个信息之后，中航国际调查了一期项目的使用情况，迅速为国家青年服务队配备了二期项目采购清单。短期内，项目跟进全面铺开。2012 年 2 月，中航国际与肯尼亚规划部（肯尼亚国家青年服务队隶属部委）签署了肯尼亚国家青年服务队机械工程项目二期合同，金额近 7000 万美元。在中国商务部和中国进出口银行的大力支持和帮助下，二期合同涵盖了 33 类 289 套由中国生产的工程机械和车辆，涉及的合作供应商共 12 家。2014 年 11 月前，全部设备和部分备件运抵肯尼亚蒙巴萨港。

项目二期基于项目一期设备采购取得的成果，更加重视对肯尼亚青年人的技能培训和设备维护保养工作，产生了广泛的社会效益。中航国际派出培训师和相关技术人员赴肯尼亚当地对设备进行调试安装，并根据当地实际情况编制相关培训课程和教材，有针对性地对当地教员、技术人员和学员进行相关技术培训，以便他们能够迅速掌握设备的使用、维护和未来传帮带工作，并协助国家青年服务队建立起教员队伍。所有接受课程培训的学员在课程结束后，都会获得由中航国际与肯尼亚国家青年服务队共同颁发的合格学员证书。在中国提供的设备陆续抵达并进驻工地后，中方技术人员也迅速到岗，被派往施工现场对当地技术人员进行施工机器的再次培训和指导以帮助他们实现最终独立操作，为肯方建立一支设备维护保养队伍。项目二期内，超过 10000 名教员、工程师、学员和外聘人员接受了相关培训，为肯方培养了大批优秀的机械操作、维修人员，大幅提高了当地就业率。

到 2018 年，国家青年服务队使用新购设备完成的国家大型基础设施建设包括多个贫民窟道路及房建施工现场、总统府施工，在建项目包括钻井、公务员住房建设、32 个新建大坝现场、边境维护等。

2014 年 5 月 11 日，中国国务院总理李克强参观中航国际负责实施的肯尼亚国家青年服务队项目。李克强总理对项目运作给予了高度赞许，并勉励中航国际继续为促进肯尼亚和非洲国家经济、社会发展作出更大贡献。参观结束后，李克强总理在留言簿上欣然为国家青年服务队题词："青年就业是国家的希望。"

2. "授人以渔"的中肯职业教育合作新模式

2010 年 1 月 6 日，中航国际与肯尼亚高等教育部就该部下属相关院校的实验和培训中心设备升级改造项目正式签订合同。由中国政府通过进出口银行为肯尼亚提供优惠贷款，中航国际负责具体执行，为肯尼亚高等院校提供电子电工、机械加工、土建施工、卫生医疗等一系列先进的实验室设备及相应的课程培训，合同总值超 1.3 亿美元。中航国际在肯尼亚把教育培训与助推非洲实现工业化相结合，该教育培训项目将为肯尼亚培养基础工业人才。

由于项目金额巨大，并考虑到项目后续执行的可操作性，中肯双方商定将总合同分期融资执行。2010 年 8 月，双方签署了基于总合同的补充协议，项目一期金额超 2900 万美元。根据该协议，中航国际在肯尼亚高教部下属的 10 所大学与中等专科学校，提供了包括职业培训体系规划、软硬件设备、教师培养、理论培训、实际操作培训等的“整体解决方案”，培训项目涵盖了机械工程、电子电工、自动化控制等肯尼亚国家工业化所必备的紧缺专业，配备 12 个职业教育中心，创建了中肯职业教育合作新模式。该项目还积极结合市场需求优化人才培养结构，利用校企对接、产教结合等方式，不断提升参与者的职业技能水平和实际就业能力。

位于首都内罗毕的职业教育基地设立在肯尼亚工业大学（The Technical University of Kenya）内。该项目进入之前，学校名称为肯尼亚工业学院。由于项目为该校提供了设备与资源，提升了学校实力，因而由学院升格为大学。肯尼亚工业大学在全国排名第六位，共有 15000 名学生。职业教育专门为十所高校设置了机械加工、电子电工和快速成型三个专业。2011 年，项目第一批设备已经交付，并分别安装在十所高校中。其中仅机械加工项下的设备就有机床类设备、测量类设备、材料分析设备及电脑等；快速成型项下设备有 3D 打印设备、金属喷涂设备以及激光扫描设备等。加上电子电工教学实训设备，所有三个专业设备共计 3034 台套。待各个高校的设备都统一安装调试完成后，位于肯尼亚工业大学的中肯职业教育培训基地以及配套的肯尼亚乃至东非最大的数控机床实验中心正式开始教育培训工作。

中航国际并不参与大学的日常教学，但为职业教育培训基地提供培训设备，而且按照合同规定，中航国际须为肯方提供教师和学生的培训服务，通常会提供半年的集中培训。2011 年秋天项目一期的时候，肯尼亚高教部从全国各大高校中遴选了 24 名优秀教师来华培训。中航国际与合作高校经过反复研究，为肯方教师量身定制专项培训，从最初的如何使用设备，到简单的维护保养，从自己学会到学习如何教会别人，教肯尼亚当地学生怎样操作设备，安排了许多具有不同侧重点的课程。目前有很多学校纷纷向肯尼亚教育部提交接受培训的申请，希望有机会再接受一次大规模的教师培训。

作为高教项目的合作伙伴，内蒙古机电职业技术学院（以下简称“内蒙古机电学院”）主要在高教学术交流、技术咨询、实验室建设方案规划、人员培训等多个方面提供服务。2011 年 8 月 15 日，内蒙古机电学院首期肯尼亚高教部大学实验室师资培训班开班。内蒙古机电学院主要为来自肯尼亚工业大学等高校的 16 名教师提供机械加工、电子电工等专业领域的人员培训。2011 年 11 月 30 日，16 名学员全部结业。

截止到 2017 年 10 月，项目共派出中方教师 54 人次，已培训肯尼亚教师 550 名、各类学员及社会人员超过 26000 人次，其中在校生已达到 22000 人次，使得“Made in Kenya”（肯尼亚制造）和“Study in China”（在中国培训）逐渐成为现实。作为肯尼亚最大的与外方合作的职业技能培训机制，由中航国际承担的肯尼亚高教项目为肯尼亚的能力建设提供了“整体性解决方案”。中航国际用实际行动及其创立的符合非洲发展特点的中非人力资源合作模式，为中国与“一带一路”非洲沿线国家实现互利共赢作出了贡献。

近年来，肯尼亚制定了在 2030 年实现工业化的宏伟目标，要实现这一战略，一支强大的、训练有素的技工队伍必不可少。根据肯尼亚教育部提供的数据显示，经过职业技能培训的学生就业率（含自主创业）能达到 100%，而普通大学毕业生就业率仅有 60%。很多年青人通过职业技能培训实现了就业，不少人还就此走上创业之路。其实，肯尼亚年青人比例高达70%，但是年青人的失业率却高达60%。位于东非的肯尼亚不仅缺乏先进的技术设备，更缺乏熟练的职业技能人员，少数受教育的年青人技能掌握的程度也不太好，没有人力资源就意味着很难实现国家的工业化。由于肯尼亚没有什么国有企业，学生实习所选择的范围很小。中肯职业教育培训则为学生们提供了更广阔的学习空间。

为确保项目顺利进行，中航国际在肯尼亚长期派驻技术团队和售后服务团队，专门负责项目的技术支持和售后服务，一旦设备出现故障会第一时间赶到学校，并旁听学校的培训课程，与肯方教师一起对学生的设备操作使用进行精细化指导。与此同时，中航国际还积极帮助学校寻找工厂订单，不断扩大产教结合的力度。其中，2015 年，肯尼亚工业大学开始跟两家公司签订长期设备租赁及备件加工合同，每年有 7 万美元的经济收益。

由于中航国际提供给肯尼亚的设备在尺寸、性能上与工厂丝毫无差，肯方学校可以直接利用这些先进设备承接当地基建项目，进行生产、培训人员，或者将设备租赁等，创造良好的经济效益。并且该项目将为亟须发展工业的肯尼亚培养一批技术人才，这批学员未来将成长为肯尼亚机电领域的栋梁之材。该项目不仅使中航国际成功切入教育行业，而且还促成了国内几所学校跟肯尼亚的学校联谊，使中国的教育理念在肯尼亚得到推广。中航国际所提供的职业教育体系规划、设备配置、人员培训、课程及教材设计、售后服务等“一揽子”解决方案在肯尼亚获得了良好的社会示范效应。无论是肯尼亚政府还是肯尼亚媒体都肯定了对中国在职业教育领域为肯尼亚人民所作出的突出贡献。肯尼亚职业教育项目的成功也吸引了卢旺达、乌干达、坦桑尼亚等多个非洲国家的团组前去观摩学习，向中航国际表达了建立职业教育培训中心的愿望。

中航国际重视培养实践技能、产教结合的职教模式。国家的竞争力很大程度上取决于青年人掌握技能的程度，青年人技能越高，国家竞争力就越强。肯尼亚的发展需要大量的职业技能人才。所以，授人以鱼不如授人以渔。中国拥有职业教育发展的丰富经验，可以更好地帮助肯尼亚发展职业教育。

中航国际开展中肯职业教育培训的目的就是为了帮助肯尼亚实现工业化储备人才。虽然一期规划设计中，专业设置中只有机械加工、电子电工和快速成型三个专业。未来考虑到要适应当地的需求，二期规划计划将专业拓展到包括食品加工在内的十大类。因为机械的发展要有同步工程，如农业机械、农业与食品等，还有美容美发、服装设计、空调制冷、土木工程、汽车修理等专业。肯尼亚汽车比较多，所以二期还将涉及汽车修理、焊接技术、机械加工、电子电工、机电一体化等专业。一期规划中只有 10 所高校，二期将有 134 个学校加入，覆盖了肯尼亚全国所有的省，也基本上涵盖了每一个选区。针对每个学校的优势设置不同的专业，比如西北部图尔卡纳农业相对发达一些，会在那里的学校设置农业机械专业；蒙巴萨天气炎热，将设置空调制冷专业；而内罗毕是工业基础最好的区域，将会设置机械加工、电子电工等专业。因为一期项目都是根据当地需求招生，所以学生学成之后可以直接就业。二期项目预计每年培训 20000 人，长期培训针对在校生是三年到四年，短期培训从一个星期到一个月不等。如果该项目二期规划能顺利完成，对肯尼亚青年就业和工业化的发展是个极大的促进。

肯尼亚高教项目一期的示范效应显著，同时也是中肯双方友谊的象征。2013 年 1 月 15 日，时任肯尼亚总统齐贝吉到肯尼亚工业大学，视察项目进展情况，慰问中方项目执行人员，并亲自为“中肯友好技术培训中心”揭牌。2016 年 3 月 25 日，中国十二届全国人大常委会委员长张德江访问肯尼亚期间参观了中肯职业教育中心项目，并为中航国际职业教育项目点赞。

在中国政府的支持和指导下，中航国际将配合肯尼亚政府继续为肯尼亚各新兴行业提供数万名具有现代产业技能的青年从业者，尤其是培养一批熟悉中国设备和标准的年青人，推动中肯经贸关系和中肯友谊的发展。同时，也将以肯尼亚职业培训为样板，在非洲多国推广和复制。目前中航国际在非洲已有14个成熟的专业建设方案，可以为各国定制贴合需求的职业教育方案，帮助非洲提升整体职业技能水平。中航国际在中国商务部、外交部、财政部、进出口银行等政府机构的指导和支持下，在非洲很多国家成功执行了多个职业教育项目，根据各国不同需求，提供了多个领域的职业教育中心，大大提升了中国在非洲的影响力。

3. 点亮肯青年梦想的非洲职业技能挑战赛

非洲职业技能挑战赛（Africa Tech Challenge，英文缩写ATC）是中国驻肯尼亚大使馆及经商处“情系肯尼亚”主题系列的活动之一，由中航国际策划、发起并资助，肯尼亚教育部与中航国际联合举办的一个企业社会责任活动。此活动在中国驻肯尼亚大使馆和经商处的指导下，得到肯尼亚工信部、肯尼亚职业技术院校联盟、肯尼亚制造业协会、肯中经贸协会等机构的大力支持。非洲职业技能挑战赛为热爱技术培训、具有创新能力、拥有企业家之梦的肯尼亚青年提供机会。挑战赛深受肯尼亚教育部，肯尼亚公关服务、青年和性别事务部，肯尼亚工业、贸易和合作部，各技术院校，参赛学生等各方好评。挑战赛不仅为学生提升了工程建设基础技能，还向肯尼亚青年分享了企业家的创业故事，向肯尼亚输出了中国职业培训的经验。中航国际为获胜学校联系来自中国工厂的订单、为获胜学生提供远赴中国留学深造的机会，促进了产教结合。

从2014年开始，中航国际依托于已建成的职业教育培训中心，每年举办一次非洲职业技能挑战赛。截止到2017年，非洲职业技能挑战赛已成功举办到第四届，每届历时两个月，采用先培训后比赛的方式。挑战赛涵盖了来自肯尼亚、乌干达、加纳和赞比亚四个非洲国家的156所大专院校选手，培养出521名具有良好机床加工技能的人才，为当地的工业化发展储备了人才；选拔了9名优秀人才到中国留学继续深造；为45名学员获得了在中航国际实习及工作的机会；为四个学校提供了价值20万美元的中国生产订单，促进了当地产教结合的发展。

中航国际从国内组织专家，对老师、学生一起集中培训两个月，有理论课和实践课程，更多的是强化操作练习。培训结束后设置比赛环节，胜出的参赛队伍获得奖励。比如，某个人或团队在大赛中获得第一名，或者前两名，中航国际就为他们提供配件加工合同。第一批的配件是工程机械平地机的备件，共有六种备件，中航国际与三一重工国内工厂达成协议，工厂为大赛提供10万美元的订单。加工配件的出口有两条：一是销往当地的售后服务点、4S店，二是将消化不了的返回国内。中航国际利用这种“校企合作”或者“产教结合”，一方面搞教学，另一方面在教学的过程中也为工厂生产产品，有时直接在生产过程中开展教学。受训后的学生加工水平很高。学生们加工订单，即为学校创收，也给自己换取了工资算是对他们劳动的一种补贴。在2016年第三届非洲职业技能大赛中，中航国际又提供了10万美元的订单，不仅为肯尼亚培养了工业化的人才，也增加了企业的社会收益。中航国际有七家企业在非洲，包括工程机械的4S店，每年都为100多个学生提供实习机会。所培养的10000多名学生中，如果有100个人创业，就会为肯尼亚增加100个小企业。

通过前三届非洲职业技能挑战赛的成功举办，挑战赛已成为当地一个具有影响力的公益品牌。挑战赛在不断扩大非洲影响力的同时，举办形式也在不断寻求创新。第一届挑战赛的主要内容是机床加工；第二届在机床加工的基础上，又增加了手机 App 设计；第三届还是机床加工（因为机床加工是工业的基础），但除了普通机床加工，还包括了数控机床加工。参加挑战赛的学生第一届有 64 人，第二届是 118 人，第三届为 134 人，呈逐年增长的态势。第一届三组获胜队伍获得了现金奖励，且三名优秀选手获得了去中国攻读硕士学位的全额奖学金；第二届也有三名选手获得了去中国留学的奖学金；第三届的参赛选手还包括乌干达、赞比亚和加纳技术类院校的学生。挑战赛只是一种形式，其目的是让学生掌握更多的技能。获奖者将获得肯尼亚教育部和中航国际联合发放的证书，证书上会写明学生接受了什么培训，获得了什么技能。挑战赛举办到第三届时，已经有越来越多的肯尼亚企业承认这个证书的价值。

2018 年 3 月 27 日，中航国际联合肯尼亚教育部，肯尼亚公共服务、青年和性别事务部，肯尼亚工业、贸易和合作部举办的第四届非洲职业技能挑战赛闭幕式暨颁奖仪式在内罗毕举行。第四届挑战赛于 2017 年 11 月 27 日启动，此次大赛主题为“青年赋权”（斯瓦西里语 Jenga Vijana），大赛目标是通过创造就业提升青年人技能、培育青年人发展、降低肯尼亚青年失业率。与前三届的机床加工比赛不同之处，这届挑战赛内容已从制造业向工程建设基础技能拓展，培训场地由原来的教室、车间转移到项目施工现场，培训形式变成了师傅带徒弟、老师手把手教学的形式，培训和参赛专业涉及木工、混凝土工和钢筋工。103 名参赛选手经过了一个月的培训和三轮淘汰赛，最终有 25 名参赛优胜者脱颖而出，现场获得中航国际提供的就业岗位，帮助肯尼亚青年人实现了自我。所有参赛选手都获得肯尼亚三部委联合签字确认的比赛证书，有助于他们未来就业和创业以及提升他们的市场竞争力。

2017 年一年里，中国共向肯尼亚提供了 230 个奖学金名额和 700 多个培训机会。中航国际的职业技能培训和挑战赛，为肯尼亚的经济发展、实现工业化和储备人才提供了一种解决方案。目前，无论是中航国际的中肯职业教育培训还是旗下的非洲职业技能挑战赛，都已经成为肯尼亚理工专业大学生们广为知晓的专业培训机制。该机制的成熟运营有效助推了肯尼亚的能力建设，为“2030 愿景”发展蓝图和国家工业化的全面实现提供了必要的专业人才储备。非洲职业技能挑战赛也将为肯尼亚总统肯雅塔在新任期伊始提出的国家发展五年计划——包括制造业发展、全民医保、保障住房和粮食安全在内的“四大发展目标”（Big Four）助力，继续成为“肯尼亚制造”（Made in Kenya）的品牌大使，也是对习近平主席在中非合作论坛约翰内斯堡峰会讲话中关于中非工业化合作计划的积极响应。

（三）非洲首家孔子学院落户内罗毕大学

内罗毕大学孔子学院（Confucius Institute at the University of Nairobi）由中国天津师范大学和肯尼亚内罗毕大学共同创办。作为非洲首家孔子学院和全球示范孔子学院，内罗毕大学孔子学院于 2005 年 12 月 19 日揭牌成立。她的诞生被誉为“中肯教育交流史上的里程碑”。非洲第一家孔子学院的建立标志着中肯教育合作翻开了新的篇章。肯尼亚内罗毕大学孔子学院秉承“友谊、发展、合作、共赢”的发展理念，在中国国家汉办的大力支持和天津师范大学、内罗毕大学两校的通力合作下，在肯尼亚本土汉语教师培养、典型学生塑造、汉语课程开发、推动汉语成为肯尼亚中小学外语选修课、学生社团建设等方面取得了显著成效，成为中肯两国多方面交流与合作的重要平台。学院的建设发展，始终以满足当地学习者的实际需求为第一宗旨，以不断增进中肯友谊为原则，为早出人才、快出人才、出好人才服务。学院以科学的态度探索孔子学院可持续发展的办学模式，不断树立品牌意识，把好质量关，将专业建设与当地国民教育体系紧密衔接。

1. 突出语言技能教学强化语言交流能力

内罗毕大学孔子学院的主要教学内容包括本科学位课程、专科学历课程和基础汉语课程，以及部分特色汉语培训课程。本科学位课程主要包含“3 + 1”的本科培养模式（3 年在孔子学院学习 + 1 年中国留学）和“2 + 2”的汉语学习模式（2 年语言技能 + 2 年语言学研究）。汉语本科学位课程分为 8 个学期 44 学分，毕业生获内罗毕大学文科学士学位。专科学历课程分为三个等级教学模式：一等“Level One”（第一、二学期完成）、二等“Level Two”（第三学期完成）和三等“Level Three”（第四学期完成）。修满 8 个学分或修完 3 个等级的全部汉语课程获内罗毕大学与孔子学院联合颁发的汉语专科毕业证书。学生也可以根据自己的汉语水平选修不同等级的汉语课程（每学期 2 个学分）。招生对象是内罗毕大学非汉语专业和社会各界对汉语感兴趣的学习者，课程以“实用为本，交际先行”为特点，突出语言技能教学，强化语言交流能力的培养和提高，全部课程两学期学完，通过结业考试者获孔子学院颁发的合格证书，并有资格参加 HSK2 级（汉语水平考试 2 级）考试。特色汉语培训课程则根据具体实际需求，开展相关汉语培训课程。

2018 年 3 月 24 日，内罗毕大学孔子学院成功举办该年首场 HSK 及 HSKK 考试。共计 136 名考生参加了本次各级 HSK 及 HSKK（汉语水平口语考试）的考试。考生中不仅有内罗毕大学孔子学院的学生，还有在孔院汉语培训班接受培训的来自肯尼亚外交部、机场管理局、税务局与移民局的政府官员们。参加汉语水平考试不仅可帮助学生检测自己的汉语学习成果，也是内罗毕大学孔子学院检验汉语教学成果的方式之一。通过积极推广汉语水平考试，可大力促进汉语教育事业在肯尼亚当地的发展。

（1）继续典型学生的塑造，为一带一路建设输送优秀人才

典型学生培养是内罗毕大学孔子学院的传统项目，该项目已经培养出像茹丝（Ruth）、鲁凯（Lukaka）这样出色的本土汉语教师，以及多名因选择汉语而改变人生从而获得总统奖的学生。

2005 年 12 月，茹丝成为内罗毕大学孔子学院的第一批学生之一。对中国文化的强烈渴望成为茹丝报名孔院的动机。入学后，由于茹丝的勤奋好学和极强的语言天赋使得她表现优异。2006 年 4 月 29 日，在肯尼亚进行国事访问的时任中国国家主席胡锦涛亲切会见了内罗毕大学孔子学院师生，茹丝被师生推举为代表向胡锦涛致辞。那时，仅仅学习三个月汉语的茹丝，用流利的汉语满怀深情地向胡主席汇报了同学们在孔子学院学习的情况，得到了主席的赞赏。后来茹丝获得了去天津师范大学留学的机会。在天津学习期间，她的中文得到了突飞猛进的进步，在天津师范大学举办的汉语口语大赛中多次获奖。2014 年，茹丝从天津师范大学获得硕士学位，并回到了肯尼亚内罗毕大学孔子学院担任汉语教师，教授当地学生汉语和中国文化。在中国留学八年的经历，不仅使茹丝成长为中非文化交流的使者，也使她结识了自己的中国丈夫，成就了一段中肯佳话。①

作为内罗毕大学孔子学院的第一位本土汉语教师，鲁凯 26 岁时第一次接触中文，便产生了对汉字的浓厚兴趣。对于鲁凯来说，中文与英语、法语等拉丁字母截然不同，是最独特的语言，怀着对汉字产生与演变的浓厚兴趣，鲁凯一头扎进了汉语学习当中。其实，鲁凯出生在肯尼亚西部的一个普通家庭，从内罗毕大学人文与社会学院毕业后，他顺利申请到中国政府的奖学金名额，前往天津师范大学攻读硕士学位，学习对外汉语。结束在中国的学习后，鲁凯回到内罗毕大学，成为孔子学院第

---

① 张钟凯、全晓书：《特写：中国小伙和非洲姑娘的“丝路”爱情故事》，2015 年 3 月 10 日，新华网（http://www.xinhuanet.com/world/2015-03/10/c_1114588741.htm）。

一名专职本地教师。他用实际行动成为中肯交流的使者，让更多肯尼亚人能够更好地了解中国文化和价值观念。①

近年来，内罗毕大学孔子学院还向蒙内铁路输送了大批人才，其中包括肯尼亚第一批女司机尹丽（Elithebath）和卡洛琳（Carolyn），优秀的车长查贝尔（Erik）。他们的出色表现引来中央媒体及当地媒体对他们的报道，成为孔子学院的新名片。

2013—2016 年，尹丽就读于内罗毕大学孔子学院汉语本科，2017 年毕业。2016 年修读完全部课程的她在内罗毕大学孔子学院同年 11 月 30 日举办的“毕业生与企业对接会”上被中国路桥工程有限责任公司（以下简称“中国路桥”）聘用，同年 12 月与另外 6 名女孩一起前往中国进行培训，成为肯尼亚第一批女司机。由于尹丽汉语较好，表现突出，得到各界的普遍关注，新华社和中央电视台都对她进行了报道。2017 年 12 月，作为蒙内铁路第一位女货车司机的尹丽在内罗毕大学孔子学院举办的首届肯尼亚大学生招聘会上，向现场参见招聘的肯尼亚青年人分享了自己在中资企业工作的经历与收获。②

查贝尔毕业于乔莫·肯雅塔农业技术大学（Jomo Kenyatta University of Agriculture and Technology）的信息技术专业，2015 年 5 月开始在内罗毕大学孔子学院学习汉语，近一年的学习后以优异的成绩通过了 HSK2 级考试，获得了孔子学院奖学金资助，前往南京师范大学学习六个月。2017 年 1 月回到肯尼亚后，孔子学院将他推荐给中国路桥工作，由于他的沉稳和较好的汉语交际能力，被安排做翻译和管理工作。经过中国路桥的培训

① 丁小溪：《情不知所起一往而深——记非洲孔子学院首位本土教师鲁凯》，2014 年 8 月 2 日，新华网（http：//www. xinhuanet. com/world/2014 - 08/02/c_ 1111908958. htm）。

② 柳洪杰：《内罗毕大学孔子学院举办 2017 肯尼亚大学生招聘会》，2017 年 12 月 21 日，中国日报网（http：//cn. chinadaily. com. cn/2017 - 12/21/content_ 35348009. htm）。

和他个人的努力，近一年的磨炼使查贝尔终于成长为管理 106 人的列车车长。党的十九大期间，中国中央电视台对这个工作在“一带一路”沿线的小伙子进行了专访。查贝尔还负责了 2018 年中央电视台春节联欢晚会小品《同喜同乐》中十名蒙内铁路肯尼亚女乘务员的中文培训工作。虽然查贝尔只有 24 岁，但因为汉语十分熟练，受到十名肯尼亚女乘务员的“追捧”，被视作偶像。作为当地人，查贝尔更了解如何帮助汉语初学者入门，他专门编写了教材，从自我介绍等日常对话教起，使十名肯尼亚女乘务员在汉语能力几乎为零的情况下，迅速掌握了小品的台本，顺利完成了演出任务。

（2）继续开发建设“专门用途汉语”课程

为适应各行业对汉语的要求，内罗毕大学孔子学院积极与当地组织机构展开合作，自 2014 年开始开设“专门用途汉语”课程。继对酒店及银行员工进行汉语培训之后，在中国驻肯尼亚大使馆的协调下，内罗毕大学孔子学院又承接了肯尼亚移民局、肯尼亚海关及肯尼亚税务局机场海关的汉语培训、肯尼亚外交官汉语培训班。其中，第一期肯尼亚外交官汉语培训班于 2016 年 11 月开班，肯尼亚外交部的 30 名外交官学员参与了为期四个月的汉语培训。此次培训班不仅可帮助肯尼亚外交官加深对中国语言和文化的理解，也有利于肯方与中方外交官一道推进中肯全面合作伙伴关系。截至 2018 年 3 月，内罗毕大学孔子学院已完成三期肯尼亚移民局、肯尼亚海关及肯尼亚税务局机场海关的汉语培训班，培训人数 120 人；两期肯尼亚外交官汉语培训班，培训人数 46 人。2018 年内，孔院将继续与政府部门合作，于 4 月开设肯尼亚移民局、肯尼亚海关及肯尼亚税务局机场海关的汉语培训提高班、肯尼亚检验检疫管理局汉语培训初级班。另外，应联合国环境署、人居署的要求，还在联合国环境署、人居署的办公楼开设了初、中级汉语培训课程。

这些课程的设计充分考虑了被培训人员的职业需求，以口语训练为主，注重各行业术语和工作用语的培训，不仅培养了其汉语能力，更重要的是提高了其工作水平及行业形象，也拉近了中肯人民之间的距离。这一系列的汉语培训得到了当地政府部门、人民以及在肯华人的肯定，扩大了孔子学院的影响。

2. 全球示范孔子学院建设有了新的进展

（1）硬件建设—新的教学环境

在国家汉办的支持和两校各方面的积极努力下，位于内罗毕大学主校区大学塔的7、8层孔子学院新址改造完工，2017年6月顺利搬迁，原中国驻肯尼亚大使刘显法为新址剪彩。目前孔子学院教学及办公用地的建筑面积近1700平方米，使用面积达到900多平方米，包括教室、办公室、会议室、放映室、语音室、机房、阅览室、茶艺室、文化体验中心等，办公条件大大改善，明亮的教室、先进的设备、资料丰富的阅览室为学生提供了良好的学习环境，也为他们提供了更多的机会和空间来体验中国文化的魅力。

此外，由商务部援建、中鼎国际建设集团有限责任公司承建的内罗毕大学孔子学院大楼，占地11780平方米，建筑面积6400平方米，已经于2017年9月正式开工建设，预计2019年2月交付使用。

①软件建设—本土汉语教师培养

2009年内罗毕大学孔子学院设立了汉语本科，2013年与天津师范大学签订合作培养汉语国际教育硕士，目前已经毕业的硕士生有25人，其中16人在从事专职或兼职汉语教学活动。

为了能够推动“汉语为肯尼亚中小学外语选修课”项目并使其顺利实施，内罗毕大学学术委员会已经通过了在教育专业（BE）“汉语方向”的设置，内罗毕大学还与肯尼亚课程发展委员会（KICD）签订备忘录，内罗毕大学孔子学院将主持汉语课程大纲的编写工作。目前已开始拟订小学四年级至六年级汉语教学大纲，拟选取16所试点学校，于2018年5月展开汉语教学。同时，还与肯尼亚课程发展委员会共同推行肯尼亚本土汉语教师培养计划，包括长期和短期培养计划。

②汉语教育合作新方向—职业教育+汉语

随着“一带一路”倡议的实施，越来越多的中国企业涌入肯尼亚，加速了肯尼亚工业化的进程。2017年在内罗毕和蒙巴萨两个工业基地的开工建设，加之蒙内铁路的顺利开通，具有专业技能又有汉语基础的人才极其短缺。

为了适应肯尼亚各行业对人员的需求，内罗毕大学孔子学院积极推行将汉语纳入职业教育当中，实施“职业教育+汉语”的定向培训。目前已经在西卡职业技术学院（Thika Technical College）和非洲职业学院（Africana College of Professionals）开设了汉语课，并商讨与这两所院校进一步的合作计划；同时内罗毕大学孔子学院正在与中国路桥商谈，了解企业的专业需求，加强孔院与企业的深入交流，为双方共同融入肯尼亚社会，回馈当地、服务当地搭建平台。

西卡职业技术学院和非洲职业学院属于非洲职业技术学院联盟成员，非洲职业学院的校长是该联盟理事会成员，她曾经指出“中国文化为肯尼亚的发展带来了新的思路，这正是我们需要的”。目前，她正在积极联合其他技术学院，希望得到非洲职业技术学院联盟理事会的支持，进一步推进与内罗毕大学孔子学院的合作。

③加强学生社团建设、服务当地

内罗毕大学孔子学院目前有学生社团4个，包括中文合唱团、中国舞蹈团、舞龙舞狮队、中国武术龙之队。每个社团都由内罗毕大学孔子学院的志愿者教师专职负责训练，每周固定时间活动。合唱团是内罗毕大学孔子学院的品牌俱乐部，在日常训练中聘请了专业的音乐教师对他们的演唱进行指导，并组织优秀的团员赴华学习，不仅学习中国传统音乐，更亲身体验中国文化，帮助他们理解和演绎中国民族歌曲。

各个社团的学生们通过平时的训练和参加各类活动，可近距离接触中国文化，不仅提升了他们汉语交流的能力，还帮助他们运用自己所学服务于学院、学校、社区和企业的各类活动，以肯尼亚人自己的方式传播中国文化。

四个学生社团完成的各类重大活动包括以下几项：中国驻肯尼亚大使馆历年举办的新年招待会和国庆招待会；国家级领导人到访肯尼亚的欢迎欢送接待任务；2017 年、2018 年赴蒙内铁路慰问演出；校园开放日的舞蹈大赛，欢乐孔院日—内大东华庆中秋文艺演出，广东省艺术团国庆慰侨演出，肯尼亚第四届、第五届国际文化节，肯尼亚国际贸易周，企业新春答谢会，亚非法律协商组织第 56 届年会招待会，肯尼亚华商会成立仪式，肯尼亚妇女联合会成立仪式等。2018 年 2 月 14 日，内罗毕大学孔子学院赴蒙内铁路慰问演出，在紧靠中国路桥蒙内铁路运营公司机车车辆检修厂房搭建的舞台上，孔院师生与蒙内铁路运营团队为现场中肯观众带来了歌舞、小品、相声、双簧、双节棍、太极舞、独唱、合唱等节目，展现了中肯友谊、促进了中肯人文交流、增进两国民众间交流与认识。

④顺利完成重大项目、扩大孔院影响

a. 汉办重大项目的执行

承办历年汉语桥世界大学生中文大赛肯尼亚赛区决赛，观摩大赛的大、中学生近 500 人，大赛得到了当地媒体和央媒的报道。

继续组织学生夏令营中国行和教育工作者访华团，让他们走进中国的大学校园，近距离地体验中国文化和中国人的生活，体会中国“新四大发明”给生活带来的便捷。

b. 中国文化嘉年华活动

中国文化嘉年华活动现在已经成为我们宣传中国文化、推广汉语的品牌活动，该活动不仅包括书法、剪纸、画脸谱、编中国结、踢毽子等中国文化的体验活动，还有中文体验课程。孔院师生表演的丰富多彩的中国歌舞和功夫，深深吸引着各级各类活动参加者，他们边看边学边做，一天的活动让他们充分体验了中国文化的方方面面，也能够掌握一点汉语。

⑤与企业和媒体互帮互助、共谋发展

孔院的发展离不开企业的大力支持和媒体的宣传和鼓励，为企业培养大批优秀的人才，为媒体提供良好的素材，则是孔院对企业和媒体最好的回馈，孔院与企业和媒体互帮互助、共谋发展。

孔院师生积极参与和协助企业的各类活动之外，孔院还与多家企业建立了长久的联系，不断为企业输送所需人才。目前，在中央电视台、中石油、中国电建、中航技、蒙内铁路、标准银行、江西水建、中国武夷、山东辰鲁建设、达森贸易有限公司等企业都活跃着内罗毕大学孔子学院优秀的毕业生，特别是蒙内铁路项目部，肯尼亚的首批女司机是孔院的学生，优秀的车长也是孔院的学生。正在建设蒙内铁路延长线—内马铁路项目中，从事翻译和管理工作的依然是孔院的学生。

内罗毕大学孔子学院十分重视学生汉语交际能力的培养，同时还以服务当地为己任，积极为中肯之间的经济、文化交流作出贡献。2017 年 12 月 20 日，孔院在内罗毕大学校园成功举办 2017 年肯尼亚大学生大型招聘会，参加招聘会的 50 多家中肯企业共提供了 1000 多个就业岗位，收到简历累计超过 2200 份。在肯中经贸协会、肯尼亚中华总商会协办下，招聘会为企业和学生之间的较量搭建了平台，即向中肯企业输送优秀专业人才，又为肯尼亚各个大学应届和往届毕业生提供了就业机会。

第五章　民营企业合作特点鲜明

（一）特福陶瓷立足肯尼亚开拓市场

特福（Twyford）陶瓷位于内罗毕以东 70 公里，由科达洁能与广州森大合资建设，是肯尼亚乃至整个东非地区规模最大的陶瓷生产厂商，也是中肯产能合作的代表性项目。陶瓷厂总计划投资 7000 万美元，目前实际完成投资 5500 万美元。一期生产线于 2016 年 11 月投产，二期生产线于 2018 年 3 月投产，两期产能叠加可确保每年生产陶瓷地砖、墙砖 2000 万平方米。特福陶瓷厂将中国成熟的瓷砖生产工艺与当地装修市场的实际需求相结合，对所有产品承诺十年质保，赢得了当地客户的好评，本地市场占有率在 85% 以上，有效满足了肯尼亚快速发展的城市化进程对于房屋装修在美观、环保、质量等方面提出的越来越高的要求，通过切实提高当地居民的居住生活质量来有效提升肯尼亚的城市化质量。除此之外，特福陶瓷的快速发展在为当地带来大量就业机会的同时，也有效地增加了肯尼亚政府特别是所在地地方政府的税收收入，是引领带动当地发展的强大引擎。

1. 用优秀的产品推进品牌建设

在特福陶瓷正式投产之前，肯尼亚国内也存在着若干小型的陶瓷生产厂。这些厂家主要由南亚裔的商人投资和经营，生产供房屋室内装修的小型瓷砖，但长期存在着产品尺寸单一、图案种类单调、釉面质量不高的问题。近年来，随着肯尼亚国内经济社会发展速度不断加快，肯尼亚的城市化进程的速度和规模都在呈现出不断攀升的态势，以首都内罗毕为代表的中心城市人口的不断增多有效拉动了房屋的建设和装修行业的发展。而随着人们对室内装修要求的不断提高，原有的瓷砖产品日益暴露出无法满足当地市场需求的弊端。特福陶瓷的建成投产及其产品的大规模上市销售有效地解决了这个问题，凭借先进的技术和优良的产品质量迅速在当地市场赢得了口碑和信誉，成为树立中国制造良好形象的典范。

作为特福陶瓷的两大股东，科达洁能、广州森大的强强联合与优势互补是确保特福陶瓷厂成功开拓肯尼亚市场的重要先决条件。科达洁能属于中国国内陶瓷行业的领军型企业，拥有完备的陶瓷产品研发体系和先进的生产工艺，其产品在中国国内市场占有较高的市场份额。广州森大已经深耕非洲市场长达15年之久，在非洲业已建立起健全的产品营销网络。此次两者的深度合作确保了来自中国先进的陶瓷产品制造工艺能够与非洲本土的销售市场实现有机对接与完美融合，为特福陶瓷厂实现商业上的成功奠定了坚实的基础。

从技术和设备上来看，特福陶瓷拥有明显领先于肯尼亚境内其他同行的优势：其一，特福陶瓷所使用的压机的压力吨位为2.1万千牛，是目前肯尼亚全国压力吨位最大的压力机，技术标准远高于肯尼亚其他陶瓷厂商所使用的1.5万千牛压力吨位的压力机，为压制生产高品质的砖坯提供了必要的技术保障；其二，特福陶瓷使用的是高清喷墨上釉技术（HD Ink-jet），在技术层面上要大幅领先肯尼亚其他厂商所普遍使用的丝网印刷上釉技术（Screen Printing），确保能给砖坯印刷出质量好且拥有丰富样式的釉面图案；其三，在上釉的生产线方面，特福陶瓷使用的是总长度220米，由包括喷涂保护釉在内的四道程序组成的生产线，而肯尼亚其他厂商普遍使用的是160米长，不含喷涂保护釉程序的生产线。高质量的上釉生产线确保了瓷砖釉面的质量要更胜一筹，不会在短期内出现釉面图案褪色或脱落的情况；其四，特福陶瓷使用更为先进的煅烧窑炉，长度为275米，宽度为3米，烧制温度可以达到1170摄氏度。肯尼亚其他陶瓷厂商普遍使用的煅烧窑炉要稍逊一筹，其长度一般为150米，宽度一般在1.5米左右，烧制温度一般在1000度左右。相比之下，特福陶瓷所使用的烧制设备不仅能够在单位时间内处理更多砖坯的烧制工作，而且可以让砖坯在更高的烧制温度之下变得更为坚固和耐用。

从人员的招募和使用上来看，特福陶瓷初期以中国人员为技术和管理方面的主导，由肯尼亚当地员工实际承担瓷砖的所有环节的生产工作。目前，在特福陶瓷担任技术指导和管理工作的中方人员一般都在中国国内拥有十年以上的陶瓷生产工作经历，具有扎实过硬的专业技术水平和丰富的从业经验，为以瓷砖为代表的陶瓷产品保持过硬和稳定的质量提供了必要的保障。在目前的生产过程中，特福陶瓷充分发挥中方技术人员在生产技术方面的专业特长，为当地员工详细、全面地讲解陶瓷产品生产工艺的技术要领以及各类生产设备的操作方法，以传帮带的形式培养当地的技术骨干，确保日后能够实现整个工厂从生产、质检到管理全部由当地员工独立承担。在充分发挥中方人员的技术引领作用的同时，特福陶瓷严格遵守肯尼亚法律法规在有关用工方面的相关规定，大量招收当地的员工，总计为肯尼亚提供数百个就业岗位。目前，当地员工已经在中国技术人员的指导下，全面承担起瓷砖生产线上的所有日常工作。除了接受中方人员的指导之外，公司还设立专项教学金，支持具有培养前途的员工前往肯尼亚国内的高等学府或技术学校进行培训和深造。当前，生产线上已经成长起来一批技术过硬的当地员工，他们正在成为带领其他本地员工全面支撑起特福陶瓷发展的技术骨干力量。

在先进的生产技术和专业化的人才队伍的双重支持下，特福陶瓷在开拓肯尼亚市场的进程中取得了令人瞩目的成绩，由其生产的瓷砖产品在当地市场的占有率一路飙升，目前已经超过85%，是当地当之无愧的第一品牌，特别是高端瓷砖产品，广受当地用户的追捧，频繁出现供不应求的局面。未来，特福陶瓷将继续深耕肯尼亚市场，进一步提升产品的质量和丰富产品的种类，用更为优秀的产品和服务回馈肯尼亚市场和消费的厚爱。此外，特福陶瓷未来还将以肯尼亚作为桥头堡，充分利用东非次区域一体化的发展红利，逐步将市场拓展到其他东非国家。

2. 通过履行社会责任回馈当地市场厚爱

特福陶瓷在当地市场取得商业上的成功的同时，将积极履行社会责任作为回馈当地市场厚爱的主要途径。无论是在工厂的建设过程中，还是整个一期、二期生产线投入正式运作之后，特福陶瓷始终将保护周边的生态环境，改善周边农村社区居民的生活作为履行社会责任的主要着力点，积极树立中国企业的良好形象。

其一，积极保护周边的生态环境。作为一家生产陶瓷制品的厂家，砖坯制作和上釉过程中产生的废水以及窑炉燃烧所产生的烟尘往往会对周边的环境产生一定的不利影响。特福陶瓷在全面从中国引入先进的陶瓷生产工艺的同时，也不惜增加成本，增设了对废水、烟尘等污染物加以严格管控和治理的设备，将保护周边的生态环境作为自己肩负的首要责任，确保厂区的正常生产不会给周边环境带来任何负面影响。具体而言，特福陶瓷所采取的环保措施主要包括以下内容：从污水治理方面来看，公司引入污水净化与再循环系统，不仅确保了砖坯制作和上釉过程中产生的废水绝不会直接排放到周边的土地或水源中，而且使用经过净化后的再循环的废水解决了生产所需的水源问题，可有效减少对厂区周边水源或地下水的使用量和开采量，实现了水污染治理与节约用水的有机统一。从解决窑炉燃烧带来的废气方面来看，公司选择使用液化气作为窑炉的燃料，并且配套建设了液化气的生成设备。液化气的使用不仅可以有效提高窑炉的燃烧效率，而且避免因大量燃烧煤炭而带来的硫化物、氮氧化物排放的问题。在这些环保措施的支持下，特福陶瓷的厂区虽然已经投产两年多，但至今没有出现过厂区产生的废水或有毒有害气体污染周边环境的事件，也未曾发生周边居民因环保问题提出批评和抗议的情况，有效实现了经济效益与环境效益的相互平衡。

其二，大力改善周边农村社区居民的民生。特福陶瓷厂区周边有多个农村社区，基础设施建设滞后，大多数居民仍然处于贫困状态。自厂区开工建设以来，特福陶瓷就将加强与周边农村社区的交流与联系，用自身的发展推动当地民生改善工作作为重要的任务目标之一，确保实现经济效益与社会效益的有机统一。除了面向当地农村社区招收工厂工人，用提供就业岗位的方式提升当地居民的收入水平之外，公司还主动作为，多措并举，积极开展改善居民民生的各项事业，具有代表性的工作主要包括：为当地农村社区整修道路，将年久失修的土路、泥路逐步改建成为拥有硬化路面的公路，全面打通当地居民通往以 A109 国道为代表的干线公路的通道，大幅改善了当地居民的出行条件。为当地灾区开展募捐活动，2017 年肆虐肯尼亚全国的旱灾同样波及了厂区周边的农村社区，给当地居民的正常生活带来了严重的影响。为了积极救助灾区民众，确保其在全国大旱期间仍然能够维持正常的生活，公司组织了由中国员工参与的捐款捐物活动，共筹集 10 万肯尼亚先令以及大量日用物品。这些筹集来的财物都及时交到了灾民的手中，有效地发挥了赈灾的作用。正是通过这些公益性的活动，特福陶瓷在当地居民中的被认可程度不断提升，树立了中国企业的良好形象。

（二）“亦善”首获除虫菊出口许可证

2009年1月，李昌洪在肯尼亚成立从事农产品出口业务的鼎立国际贸易有限公司，主要针对中国内地市场。随着业务发展，为满足日益壮大的中国内地市场需求，在征求其他股东同意的基础上，李昌洪于2012年成立了专门进行农产品种植、加工和出口的肯尼亚亦善农业种植有限公司（Eshine Agriculture Planting Co Ltd.），注册资金100万肯尼亚先令。亦善农业种植有限公司主要业务覆盖除虫菊的种植、加工与销售，辣木的种植与销售，芦荟和蓖麻的种植与销售，并计划在2018年内在肯尼亚建立辣木籽、辣木叶加工工厂，以及建立芦荟工厂。目前公司在肯尼亚的纳库鲁郡（Nakuru County）的基贾贝（Kijabe）和马库埃尼郡（Makueni County）的基勒姆（Kilome）有两个种植园，分别种植除虫菊和辣木。

作为长期扎根肯尼亚的中国民营企业，亦善农业种植有限公司在中肯友谊、传播中国正能量和讲好中国人在肯尼亚的故事方面发挥了积极作用。公司董事长李昌洪，于2008年来到肯尼亚从事出口贸易工作，并担任肯尼亚中华总商会常务副会长，是中华总商会创始人之一。

1. 首获除虫菊出口许可证

出生于湖北荆州的李昌洪在肯尼亚创业初期，就将目光对准了农业，并首先在众多热带作物中选择了培育生物源农药作物——除虫菊（Pyrethrum cinerariifolium）。

除虫菊是菊科多年生草本植物，黄色花蕊、白色花瓣，在中国古代史书中就有记载，经丝绸之路传播到欧洲，但由于一直不知该植物的种属，通常把1847年记载的生长在今天克罗地亚地区达尔马提亚的除虫菊（Chrysanthemum cinerariifolium）作为除虫菊历史的开端。成熟的除虫菊约有半米高，从茎的基部抽出许多深裂的羽状的绿叶，在绿叶之中簇拥着野菊似的头状花序。从除虫菊中提取的除虫菊素对很多害虫具有很强的击倒作用且没有抗药性，对哺乳动物无任何毒害，因此，除虫菊被认为是一种理想型的环保杀虫剂，连同烟草、毒鱼藤并称为“三大植物性农药”，可广泛应用于家庭、餐厅、宾馆、农业等领域，具有很大经济开发、应用的前景。

肯尼亚是世界上可种植除虫菊面积最大的国家，曾一度成为世界除虫菊种植大国，出口占世界市场的65%—70%，最高峰时占世界除虫菊总产量的80%以上。肯尼亚除虫菊的商业性生产始于1933年，肯尼亚独立前主要由较大农场生产，独立后小农生产迅速发展。据记载，1971—1972年，肯尼亚曾生产并销售了14400吨除虫菊干花和粉末。到20世纪80年代初，约95%的产量已由占地1公顷以下的小农生产，菊农约10万人，分属几十个销售合作社。20世纪80年代，除虫菊曾是肯尼亚第四大外汇收入来源。20世纪90年代初，肯尼亚除虫菊种植面积约3万公顷，除虫菊花干产量1964年为4440吨，之后在几千吨至18500吨之间波动，1998年产量约万吨，1999年则下降至4000吨。① 但由于近年来合成除虫剂的推广，对除虫菊的需求逐渐减少，再加之肯尼亚政府贪污腐败、管理不善，拖欠农户费用、给农户打白条，导致农户种植的积极性大幅下降，2014年肯尼亚除虫菊的产量不到世界的5%。随着人们环境保护意识的增强，除虫菊产品仍受到市场欢迎。肯尼亚政府设有专门的除虫菊管理局，负责分配除虫菊生产定额和改善产品质量等工作。

---

① 高晋元：《列国志·肯尼亚》，社会科学文献出版社2004年版，第172—173页。

在肯尼亚赤道附近2000米以上的高地地区，除虫菊开花时期的日照时间和平均温度变化很小，其后的收获期可长达数月（一般在寒冷的夜晚，蓓蕾开始绽放），这种定时长期地收获与采摘，避免了因密集花期所带来的及时收割和干燥的难题，也降低了把干花运往加工厂的成本。这也为肯尼亚成为最适合种植除虫菊的国家之一创造了有利条件。

亦善农业种植有限公司的除虫菊基贾贝种植园，位于内罗毕的东北方，离内罗毕约60公里，深处东非大裂谷的半山腰。2013年，该公司从肯尼亚林业部门在基贾贝地区长期租赁了12000亩荒山土地，租期45年。在开发过程中，公司分别试种了除虫菊、蓖麻、辣木、芦荟、玫瑰、麦冬、夏威夷果树，也进行了烟叶、核桃和灯盏花以及柠檬的试种，以期从中找到适合种植、经济效益优且可以轮作互补的品种。

通过近几年的试种，单纯的公司租地、雇佣劳动力种植的方式在肯尼亚风险巨大，受到的限制因素太多，经济效益比较差。因此，从2016年年底开始，为了在肯尼亚快速推广除虫菊种植技术，李昌洪把中国合作社“公司+基地+农户”的模式搬到了这里，以推动当地农户种植，而且采用订单农业的种植方式风险最小。简单地说，就是首先依靠政府推动农户来种植，由亦善农业种植有限公司和农户签订收购协议，政府的相关部门作为中间人也出现在合同里；然后，由公司无偿提供除虫菊的种子、种苗给农户，派专业的技术人员指导农户去移栽除虫菊的种苗、田间管理、除虫菊鲜花的采摘、干燥和储存，所采收的除虫菊必须上交公司并签订最低保护价；最后由公司指定的代理商进行收购，不打白条、不拖欠一分钱收购款。

基贾贝种植园作为育种和培训农业技术人员的基地，同时承担相应的科研任务。根据肯尼亚政府给亦善农业种植有限公司划定的种植区域以及和当地政府的协商，结合自然条件和基础设施的实际情况，选定的种植区域在奈瓦沙路（Naivasha）立交桥附近，靠近玛钴鏳镇（Magumu）和吉萨拜镇（Githabai）的这一片区域，该区域可种植除虫菊的面积超过 100 万亩，海拔约2300—2600 米，离肯尼亚首都内罗毕约50 公里，交通非常便利。该区域是肯尼亚传统的蔬菜粮食丰产区，是除虫菊的传统种植区域，也是除虫菊的高含量区域，含量普遍在 1.8%—2.0%左右（中国除虫菊种植区的除虫菊含量一般在 1.1%—1.3%之间）。

通过不断地摸索和实验，公司已经找到了一条行之有效的经验和管理模式。据不完全统计，截至2018 年年初，已经种植了超过 12000 亩的除虫菊，参与种植的农户超过 3000 家，直接受益人口超过 2 万人。计划 2018 年可以采收除虫菊约 300 吨，实现销售收入 690 万元人民币，利润 210 万元人民币；2019 年全年可采收除虫菊约 1500 吨，实现销售收入约 3400 万元人民币，利润约 1000 万元人民币。该公司计划在三年内，种植的面积超过 30000 亩，直接受益人口超过 50000 人，间接受益人口会超过 10 万人。公司在内罗毕已经建成了除虫菊的粉碎工厂，全年可以粉碎除虫菊干花约 3000 吨，肯尼亚除虫菊的主管部门已经到工厂进行了验收。

亦善农业种植有限公司已拿到了肯尼亚尼扬达鲁郡除虫菊的种植、加工和出口许可证，成为目前肯尼亚唯一一家获得肯尼亚除虫菊出口许可证的中资企业。从国际市场的需求和肯尼亚实际种植面积考虑，肯尼亚政府只会颁发 3 个除虫菊加工出口许可证给相关企业。目前，肯尼亚主管部门已经发出了两个除虫菊的出口许可证，一家叫 HIGHCOM（该企业有深厚的政府背景），另一家就是亦善农业种植有限公司。

目前，亦善农业种植有限公司在肯尼亚仅仅建立了除虫菊的粉碎工厂，计划经过 3—5 年的努力，一是扩大除虫菊的种植面积；二是和国内专业公司合作，在肯尼亚建立除虫菊精油的加工厂，产品除了出口到中国，也可以出口到欧美地区。预计工厂建成后年利润达到1亿元人民币。在精油加工厂建立后的5年内，力争加工超过1万吨以上除虫菊的干花，带动约2万户农户种植除虫菊，直接或间接影响超过30万肯尼亚人民，使公司成为肯尼亚农业的龙头企业，并在世界除虫菊市场上占有一席之地。

通过农户种植、公司收购加工的方式，不仅使公司产生良好的经济效益，更重要的是产生良好的社会效益。中国公司不仅没有在肯尼亚攫取资源，反而通过可持续的生产方式，使当地人民获得了先进的生产技术，极大地改善了当地人民的生活水平，增进了中肯人民之间长期以来的友谊。

2017年10月，亦善农业种植有限公司与湖北武汉和湖北省农垦事业管理局下属的全资子公司湖北省联丰海外农业开发集团有限责任公司签订了在肯尼亚投资除虫菊的战略合作协议。在此之前，公司已经同国内相关企业签订了除虫菊提取物的长期采购合同。

2. “公司+基地+农户”模式拓展至多项农作物种植

亦善农业种植有限公司的辣木、芦荟和蓖麻种植主要集中在马库埃尼郡的基勒姆种植园，也是采用“公司+基地+农户”的形式。

2014年，亦善农业种植有限公司在位于内罗毕东南方70公里处的基勒姆种植了150亩的辣木，土地租期20年，同时发动当地农户种植了850亩左右，总共种植了1000亩的辣木。

辣木（moringa）又称鼓槌树，是多年生热带落叶乔木，原产印度北部，全世界约有14个品种，现在我国也有大量种植，目前较常食用的品种有以下三种：印度传统辣木、印度改良种辣木和非洲辣木（原只产于肯尼亚北部及埃塞俄比亚西南部）。辣木和中国的灵芝、美国的西洋参并称为世界三宝。

辣木叶有护肝、利尿、消炎、止痛、降压、强心等功效。

常用来预防和治疗的疾病如糖尿病、高血压、皮肤病、免疫力弱、贫血、坏血病、肥胖症、关节炎、消化器官肿瘤等。辣木的花、叶和根均可用于医治肿瘤，种子用于治疗腹部肿胀，尼加拉瓜人煎熬树根用以医治浮肿病。从树根取出的汁液外用能消炎止痒。叶子可制成止痛膏，擦揉太阳穴以治疗头痛，并具有通便利尿之效果。皮、叶、根都具有刺鼻的辛辣味，能促进肠胃消化。油外用可治疗皮肤病。渗出的淡红色树胶常用来治疗腹泻。其根味苦，用于滋补、润肺，还作为痛经剂、祛痰剂、利尿剂和兴奋剂，用辣木根煎水服用可减轻瘫痪、癫痫和歇斯底里病人的痛苦。

辣木油最主要的成分之一——抗氧化物质对毒性有很强的对应能力，因而可为人类皮肤提供防护作用。辣木油富含植物激素，其中最有效的植物激素是明胶，能延长人类细胞死亡时间，防止氧化作用，从而助长细胞再生。辣木油所含明胶量比普通植物高出 1000 倍以上，明胶不断生成新的胶原从而对改善皮肤有强化作用。

亦善农业种植有限公司所租的基勒姆种植园地区，海拔约 1350 米，干旱少雨，是辣木理想的生长之地，2018 年会迎来第一次收获，预计到 2020 年，辣木籽的产量会超过 200 吨，辣木叶的产量会超过 400 吨，辣木花的产量会超过 100 吨，直接或间接带动肯尼亚约 2000 人参与。

截止到 2018 年 3 月，公司已经购买了 17500 平方米（26. 25 亩）土地用于辣木加工厂的建设，该工厂将对辣木种植园内的辣木籽、辣木叶、辣木花以及辣木根、皮进行加工。预计到 2018 年年底，公司总共会种植约 500 亩辣木，农户会种植 1500 亩左右，直接参与种植的农户约 300 户，直接或间接影响超过 1 万肯尼亚人民。辣木相关产品提取物的市场主要在欧美，预计 2000 亩辣木种植完毕开始采收后，公司年销售额会超过 5000 万人民币，利润在 3000 万人民币左右。

公司还将“公司＋基地＋农户”模式拓展至多项农业作物种植。例如，蓖麻（Ricinus communis）是大戟科、蓖麻属一年生或多年生草本植物，热带或南方地区常成多年生灌木或小乔木，可治疗癫痫、破伤风、风湿性关节炎、精神分裂症等。目前，亦善农业种植有限公司已经种植了30万棵左右的蓖麻，并同肯尼亚地方政府谈妥，由地方政府出面推广种植，以公司拟购买的土地（土地已经确定好了，现在正在走流程，主要用于工厂的建设）为中心，方圆50公里内，种植不低于200万棵的蓖麻，中国成套设备进出口有限公司愿意签订长期的采购合同，并有意向建设中肯农业示范园。

公司种植的农业作物还包括芦荟。芦荟（aloe vera）为阿福花科（又称日光兰科、独尾草科）芦荟属的多年生常绿草本植物。有药用价值的芦荟品种主要有洋芦荟、库拉索芦荟、好望角芦荟、元江芦荟等。肯尼亚图尔卡纳芦荟是库拉索芦荟的一种，属于肯尼亚特有的芦荟，芦荟甙和芦荟大黄素的含量比其他国家的芦荟都要高很多，非常适合做便秘药和减肥药等药物。

目前，亦善农业种植有限公司的芦荟品种选择工作已经结束，下一阶段进入育苗的阶段。根据中国国内市场的需求来看，最少需在肯尼亚种植5万亩的芦荟才可以满足目前的需求。西安嘉禾生物科技股份有限公司有意同亦善农业种植有限公司一起建设芦荟的深加工工厂。西安嘉禾生物科技是陕西省植物提取的龙头企业，行业综合实力在国内排在前三位。这几个项目建成后，预计亦善农业种植有限公司会影响肯尼亚当地超过3万农户，直接受益人口不低于20万人，间接受益人口超过30万人。

3. 企业负有强烈社会责任感助力中肯民间友谊

亦善农业种植有限公司扎根肯尼亚，引入先进的种植技术，推动当地农业发展，改变了当地农户昔日靠天吃饭的经营方式，也促进了当地一度萎靡不振的除虫菊种植产业焕发了生机。

在20世纪90年代，肯尼亚种植除虫菊的农户曾一度超过22万人，与现在的3万多农户相比可谓今非昔比。但为了恢复当地农户种植除虫菊的信心，亦善农业种植有限公司做了大量工作，向农户免费发放种子、传播耕种技术，并购买农户手中的除虫菊。公司坚守诚信经营，在当地赢得了良好口碑、树立了企业威信。很多当地农户从种植除虫菊中受益，感恩来自这项农业加工种植项目的技术转移。与亦善农业种植有限公司合作种植除虫菊，不仅可以帮助他们维持家庭基本生计、供养子女上学，还能为部分农户扩大耕种提供资金支持。亦善农业种植有限公司的种植园为当地恢复了除虫菊种植，带来了经济效益，促进了当地财政收入、教育资金投入，间接促成了当地恢复教育、积极办校等教育事业的发展。当地至少每5名教师的收入就得益于除虫菊农户的劳动。①

在促进当地农业种植生产、改善当地农户生活、经营方式的同时，亦善农业种植有限公司还重视与当地融入、树立企业形象和积极参与慈善活动。2018年2月，亦善农业种植有限公司出资，联合肯尼亚中华总商会，分批分期向马库埃尼郡基勒姆地区的6900多名小学生捐赠学习和体育用品，总价值达到350万肯尼亚先令，对当地教育领域的扶持意义重大，有利于增进中肯的民间友谊。

另外，公司在发展种植的同时还注重对当地自然资源和生态环境的保护。据世界银行发布的信息，20世纪90年代前期，肯尼亚每年森林砍伐面积达34平方公里。20世纪90年代以来，各地森林被圈占砍伐的情况日趋严重，有人估算每年有近2%的

---

① Chrispinus Omar, Chinese Agro-entrepreneur Revives Failing Pyrethrum Farming in Kenya, http://www.xinhuanet.com/english/2015-10/16/c_134717727.htm.

森林被伐。肯尼亚已丧失70%以上原来的森林覆盖面。自1999年10月起，除部分造纸厂、木制品公司等以外，肯尼亚政府已全面禁止伐木。为保护种植园周边环境，公司帮助当地社区建立了相关社区组织，在促进当地农作物种植的同时融入林业保护活动，大大改善了当地农户的生活。

（三）“秦亚”就地取材制作中国茶

1405年，郑和开始了七下西洋的伟大壮举。郑和率领船队曾四次出使非洲，最远到达了非洲东海岸各城邦①，并将中国的丝绸、瓷器、茶叶等带到了船队所到之处。其中，茶叶是古代陆路和海上丝绸之路的重要商品之一，茶叶也是中国文化的标志之一。在今天的肯尼亚—东非大陆最重要的经济体之一，就有一家中国民营企业—秦亚茶叶发展有限公司（Chinya Development Company Limited），将肯尼亚茶叶与中国制茶技术、中国茶文化结合在一起，在肯尼亚当地慢慢叫响了品牌，建立了一个争相品尝中国茶、领略中国茶文化的国际品茶圈。企业的英文名字Chinya（秦亚），取自China（中国）和Kenya（肯尼亚）两个国家英文名称的组合，寓意中肯的完美结合，更代表了中肯人民所结下的深厚友谊。

1. 肯尼亚茶业发展与未来茶叶消费趋势

肯尼亚是非洲最大的茶叶生产和出口国，也是世界最大的茶叶出口国。2014年，肯尼亚茶叶产量为44.5万吨，占全球茶叶产量的8.6%，成为继印度、中国之后世界上第三大茶叶生产国；茶叶出口49.9万吨，占世界茶叶出口总量的27.3%，位居

---

① 李新烽：《非洲踏寻郑和路》，中国社会科学出版社2013年版（2017年再版），第6页。

世界第一。①

19 世纪，欧洲一些国家对非洲进行殖民统治的同时，推动了茶向非洲的传播。19 世纪 50 年代，英国利用殖民政策在非洲的肯尼亚等国家开始种茶。在殖民地时期，英国殖民统治者就将肯尼亚视作茶叶原材料的重要来源国。茶叶在肯尼亚的发展历史充斥着殖民统治的血与泪。16 世纪开始，葡萄牙殖民者占领了肯尼亚沿海地带；1890 年，在臭名昭著、拉开欧洲列强瓜分非洲序幕的柏林会议召开的第六年，英、德瓜分东非，其中，肯尼亚划归英国所有；1895 年，英国宣布肯尼亚成为其“东非保护地”；1920 年，又将肯尼亚改为其殖民地。早在 1903 年，英国殖民者在肯尼亚引进了红茶种植；1923 年，英国殖民者开辟了一个茶叶种植园，并制定了确保英国殖民者可以一直从茶叶和咖啡出口增长中不断获利的法律；1930 年，肯尼亚茶园面积发展到 4068 公顷，产茶 262 吨，当年出口茶叶达 73 吨。

茶叶生产是肯尼亚的支柱产业和外汇收入的重要来源，其中肯尼亚红茶享誉全球，茶汤品质高，被认为是世界上最好的饮料。现在，肯尼亚每年出口大量红茶，主要是通过肯尼亚港口城市蒙巴萨的茶叶拍卖市场来完成的，每年的拍卖交易量达交易总量的 83%。拍卖有效促进了肯尼亚茶叶产业的发展，一是可以有效掌握茶叶国际市场的定价权，二是带动了茶叶出口，三是利于培养国际知名品牌。早在 1927 年，肯尼亚就首次在英国伦敦拍卖市场销售茶叶；1956 年，肯尼亚在首都内罗毕成立了自己的茶叶中心，以挑战伦敦拍卖市场的权威；1969 年，肯尼亚将茶叶中心搬到了蒙巴萨。蒙巴萨是世界第二大茶叶拍卖中心，拍卖市场常年逢星期一和星期二进行交易，整个拍卖是在东非茶叶贸易协会的安排下进行的。

---

① 李闽榕等编：《世界茶叶蓝皮书——世界茶叶发展报告（2017）》，社会科学文献出版社 2017 年版，第 194 页。

不同于中国悠久的饮茶文化，肯尼亚是20世纪的新兴产茶国，但却迅速成为东非最大的茶叶出口国家，茶叶生产发展迅速，这与肯尼亚独特的自然地理条件有着密不可分的关系。肯尼亚土壤肥沃、降水充足、海拔高且虫害较少，是难得的生产优质高地茶叶的理想之地。肯尼亚茶叶种植区主要分布在东非大裂谷的两侧，该国西南部紧靠赤道以南的地区。由于茶叶是肯尼亚仅次于咖啡的第二大出口商品，肯政府采取了一系列行之有效的政策，例如引进印度大叶良种及各国先进的栽培和加工技术，实行机械化生产等，使得肯尼亚茶叶在较高起点上发展，加之环境条件得天独厚，茶叶品质优异，市场卖价坚挺，更促进了肯尼亚茶产业的发展。2014年，肯尼亚茶叶种植面积20万公顷，比2000年增长8万公顷。

肯尼亚制定的茶叶政策有效促进了茶业的崛起，并在茶叶生产、加工、销售、质量等管理方面下了很大功夫。肯尼亚拥有一个活跃的研究开发体系，70%的财政开支来自茶农交给肯尼亚茶叶委员会的茶税，其余的来自肯尼亚茶叶研究基金会。肯尼亚利用灵活的政策措施不仅促进了茶产业的迅速发展，而且有效保证了茶叶的质量与品质。1950年，肯尼亚成立茶叶委员会；1964年，肯尼亚茶叶开发局（KTDA）成立。肯尼亚茶叶开发局主要负责肯尼亚茶叶的生产与加工，保证茶叶质量，而且负责管理茶产业的资金融通，与肯尼亚政府、世界银行、石油输出国组织等保持密切联系。并且，肯尼亚茶叶开发局还是世界上最大的茶叶出口商。正因如此，肯尼亚茶叶开发局举足轻重的地位对肯尼亚茶产业的发展起着巨大的推动作用。

从世界范围内来看，世界茶叶消费格局正随着传统饮茶方式的变化而变化，逐渐向多样化和有益健康的方向发展。这一方面表现在消费领域不断扩大，消费方式日益多样化，除了传统的茶叶产品外，袋泡茶、速溶茶、茶饮料、香味茶、脱咖啡因茶、有机茶、花草茶等新兴茶产品受到更多消费者的青睐；

另一方面，消费者健康意识不断增强，作为健康饮料的茶叶声誉日增，世界范围内的茶叶需求都在不断增加。据世界茶叶委员会分析显示，世界茶叶消费发展趋势主要表现在产茶国家的内销和发展中国家的茶叶消费近年来增长较快，发达国家的茶叶消费比重有所下降，世界茶叶消费整体总量还将持续增长。产茶国茶叶内销与出口的比例在1030年为3∶7，到2008年为7∶3。这说明随着人均收入水平和消费水平的提高，作为发展中国家的多数产茶国的国内消费结构发生变化，对茶叶的需求日益增加，从而使自销和出口的比例发生了变化。今后一段时期内，红茶消费仍将占主导地位，但消费增长减慢，比重将下降，绿茶、特种茶和无公害茶需求增加，低档渣茶需求将减少。具有多种营养、药用价值和生理保健功效的新兴茶叶产品将是茶产业未来新的增长点。近年来，全球消费者更重视茶叶对人体健康的好处，这种流行趋势渐渐成为茶产业消费业态。加入各种茶叶成分的风味饮料将更加流行，例如，2016年美国一款添加了肯尼亚紫茶的饮料产品成功进军美国茶饮市场，紫茶富含丰富的花青素被美国消费者视为健康饮品，因而在美国市场大获成功。养生的目的促使消费者做出偏向有利于身体健康的消费选择。与此同时，由于越来越多的消费者对健康饮品需求大增，像中国绿茶、中国制茶工艺渐渐成为国际市场消费的新宠，尤其关于绿茶对人体增加免疫力和增强抵抗力的大量研究成果不断涌现，以及数十亿人对茶叶养生的亲身体验，使得茶饮更为流行。

2. 秦亚茶的肯尼亚制造与非洲梦

秦亚茶叶发展有限公司是一家专业生产肯尼亚红茶、紫茶、紫红茶、紫花茶、白茶、绿茶等系列茶叶的企业。出生于“白茶之乡”福建省政和县的公司创始人宋爱女士，是一位“视茶如命”“无茶不欢”的“70后”。在她的家乡福建，全省茶树品种种质资源十分丰富，茶树品种达830多种，其中国家优良种19个，素有“茶树品种王国”之美称。在宋爱童年的时候，就会跟着家人上山采茶，茶叶伴随她一路成长。

2008年，新婚不久的她跟随丈夫来到肯尼亚工作，当时丈夫所工作的建筑项目的位置，是距离肯尼亚首都内罗毕北边150公里、位于肯尼亚山脚下的捏里（Nyeri）。肯尼亚山是东非大裂谷中最大的死火山，最高峰海拔5199米，是仅次于乞力马扎罗山（5895米）的非洲第二高峰。一次偶然机会，她意外闯入附近一个当地人所经营的茶园，发现当地茶园里的茶树上几乎没有虫子，更没有在中国茶园里随处可见的蜘蛛网。据当地茶农向宋爱介绍，肯尼亚人种茶从不施加农药和化肥，这里茶园的自然环境优越又远离城市的机动车污染，所生长的茶叶品质优良，是典型的原生态有机茶。肯尼亚茶叶因受英国殖民时期影响，多被简单加工成袋泡茶，或研磨成茶末，当地人饮用时多加糖、加奶，这些与中国制茶、饮茶方式都可谓截然不同，很多华人都感到不太适应。当时在肯尼亚不要说很难喝上一口中国茶叶，就连在首都内罗毕都鲜有中国人工作与生活，很多喜爱喝茶的华人只好自己或是托亲戚朋友从国内带中国茶叶回来。

看到肯尼亚市场上茶叶品质优良、制茶工艺却相对简单粗糙，宋爱便萌生了用中国制茶工艺加工肯尼亚优质有机茶叶的想法。她想通过这种方式保留肯尼亚茶叶清新的气味与甘醇的口感，也让更多的人品味肯尼亚茶的本真的同时，领略中国制茶工艺的技术与茶文化。2010年，她正式涉足茶叶加工业，并于2015年年底创立了秦亚这个属于她自己的茶叶品牌。2016年，秦亚从国内引进茶叶生产机械和制茶师，获得了肯尼亚标准局（KEBS）的许可证。公司将“Chinya Tea & African Dream & Made in Kenya”（秦亚茶 & 非洲梦 & 肯尼亚制造）作为企业宣传的口号，体现了中肯在茶产业领域的合作与共同发展。

秦亚茶采自海拔2100米的肯尼亚山山脉，高海拔、昼夜温差大，常年光照充足、云雾缭绕，无污染、纯天然的环境为茶叶生长提供了得天独厚的条件，肥沃的火山灰土壤及赤道阳光(强紫外线)，使得在茶叶的种植生长过程当中，不使用任何的化肥以及农药，真正实现了茶叶的绿色原生态种植。宋爱将茶叶寄回国内相关机构检测，实验数据显示，由于肯尼亚得天独厚的自然条件赋予了其茶叶优良的品质，茶叶中含有大量茶多酚、花青素以及其他多种对人体有益的微量元素。

目前，公司拥有两处共占地2000多平方米、建筑面积1000多平方米的茶叶加工厂，一处位于肯尼亚山附近，另一处坐落在距离内罗毕70多公里的穆拉雅郡（Murang'a County）。茶叶加工厂配备6条专业的茶叶生产线，并聘请中国资深制茶师常驻肯尼亚，以负责茶叶的生产和加工。在公司创业初期时，肯尼亚茶叶市场上已经出现不少中国人经营的茶叶公司了，但是这些公司大多做的是贴牌贸易，根本不会像秦亚这样，专门建厂并从国内引进制茶设备和制茶师。

中国茶叶与肯尼亚茶叶的区别，主要体现在采茶标准和制茶标准的不同。受西式饮茶方式影响，大多肯尼亚茶叶采摘后都被机器研磨成茶末，所以相对于中国茶叶来说茶叶采摘标准并不高。在肯尼亚的大型茶园里是机采，机器开过去就把茶叶收割好了，所得茶叶并不精细；此外虽然也有人工采，但茶农往往不分老叶新芽都一律拔起，所得茶叶品质也是参差不齐。肯尼亚的茶园是田园式，而中国的茶园是丘陵式的。在中国，茶树往往长得高，因为中国茶农只砍茶树的头部让其纵向生长；而肯尼亚茶园因不施肥、茶叶产量不高，当地茶农为了提高产量，喜欢将茶树“腰斩”让其横向发展，且三年必把老树砍掉，这令茶叶的口感大打折扣。

秦亚为了保证自己品牌的质量，与当地茶农不断协商、磨合，向他们传授中国采茶经验。为了区别于西式红茶的茶末制作，秦亚最终坚持了中国茶艺的传统采摘方式，保留叶芽梗，根据茶的品质和口味将茶叶采摘细分为单芽、一芽一叶、一芽两叶。当地茶农也从最初不理解中国采茶标准为何如此烦琐、对中国采茶技术不得要领，到现在逐渐适应且采茶动作相当麻利娴熟。如果是为当地其他茶商供货，茶农一天可以采摘几十公斤的茶青；而如果按照中国标准采摘，茶农一天的成果就会降至5—10公斤。在茶农的眼里，重量的大小直接关系到收入。为了解决这一问题，秦亚将收购价定在高于当地茶商的十几倍乃至几十倍。经过口口相传，当地越来越多的茶农开始主动给秦亚供货，纷纷找到了一条发家致富的道路，带动了当地茶农致富。

另外，中国制茶标准相对烦琐，为此，秦亚还与当地农场合作，参与茶园的管理与工人培训，并积极培养当地茶农学习中国制茶的工艺。秦亚茶将传统的武夷山制茶工艺和肯尼亚原生态有机茶相结合，可谓独辟蹊径。秦亚茶从种植到采摘再到生产过程，每道工序都有中国专业茶师傅亲自把关并参与其中。秦亚茶茶叶的采摘有着严格的要求，按不同的区域、不同茶叶制作标准，精心挑选，中国专业茶师傅亲自翻炒。优质的源茶青加上精湛的制茶工艺赋予了秦亚茶叶独特的清香、纯净鲜亮的汤色以及甘醇、顺滑的口感。

来自武夷山的茶师傅会为当地茶农亲身示范和操作采集、杀青、揉捻、干燥等制茶工序，但是由于肯尼亚与中国的制茶技术有很大区别，且中国制茶工序复杂，目前当地人独立操作难度还很大。虽然培训当地茶师傅还需要时间，但已经取得了很大进步。中国茶师傅在外语能力有限的情况下，通过肢体语言等言传身教向当地茶农和茶叶工人示范，取得了相互理解与信任。公司目前形成了一支由5、6名中国员工，十几名当地员工，以及若干季节性采摘工人组成的团队，为肯尼亚茶产业的发展注入了新鲜血液。

3. 中国茶文化受到肯越来越多人的追捧

将“爱好做成事业”的宋爱，把制茶师傅比作厨师，认为每个厨师都有自己独特的烹饪技巧和口味，制茶也是如此。宋爱带领公司团队也在一路摸索与实践，并先后聘请数名茶师傅来肯工作，以不断适应肯尼亚市场的需求。原先，肯尼亚市场只有红茶和一些果茶，为了满足肯尼亚日益增多的华人和来肯旅游的中国人的需求，公司还开发了紫茶、白茶和黑茶等品种，并针对当地人对健康的需求开发了具有减肥等功能性的绿茶。目前，公司的红茶、绿茶和紫茶制作工艺都已经相当成熟了。

秦亚茶品牌逐渐在肯尼亚以及周边东非国家的华人圈中打响，特别是秦亚的紫茶受到了市场的欢迎。紫茶是一种变异茶，由肯尼亚茶叶基金会（Tea Research Foundation of Kenya）研发并于2011年正式发布，希望借此在国内和国际市场中突显肯尼亚茶产品多样化并增加价值。紫茶是茶类中的特殊品种，堪称茶叶明星。选用紫色叶芽制成，为纯天然有机茶叶，产量稀少，绝无化肥农药，制作过程不发酵，完整地保留了精髓的花青素和其他天然营养物质。据研究显示，花青素是一种天然抗氧剂，有帮助人们抵抗衰老、对抗癌症、预防多种疾病的作用，颇具保健功效。紫茶成茶深紫泛乌，汤色呈紫色，鲜艳清澈。叶底紫红清亮，香气清新，滋味甘爽。炮制过程中紫色汤色清晰可见。而且其特有的茶单宁成分还能提高血管韧性，抗过敏效果颇好。夏天饮用，更能消暑解热。紫茶含较多的天然花青素、茶多酚、儿茶素、维生素、咖啡碱等重要元素，具有预防衰老、防癌、抗癌、杀菌消炎、抗辐射等特殊功效，为其他茶类所不及，比传统的绿茶和红茶更有益于人体健康。肯尼亚紫茶受到了世界茶叶市场的重视，接到世界各地大量订单，主要出口至印度、日本和许多欧洲国家。

其实，肯尼亚紫茶类似于云南特有的紫芽茶或紫鹃茶。唐代的茶圣陆羽就在《茶经》中记载："茶，紫者上，绿者次。"杜牧当年见紫芽而歌咏，踏露摘下："紫芽连白蕊，初向岭头生。自看家人摘，寻常触露行。"紫茶在中国饮茶人中地位至高，但国内紫茶价格较高。紫茶口感先苦后甜而且秦亚的紫茶价格亲民，很快受到了华人的喜爱。

秦亚在内罗毕设有三个门店，门店内都摆有功夫茶具。顾客们在买茶的同时，也可在门店内欣赏、体验中国茶炮制的艺术。在当地人举行的聚会、大型活动或工作坊中，宋爱都会受邀前去进行茶艺展示，让更多人品味中国制茶，也让更多人品味中国茶文化的精华。目前，秦亚有一群国际茶友团，不仅有肯尼亚当地人，也有来自联合国机构的工作人员。这些国际友人从最初只喝袋泡茶，但现在喜欢看中国茶艺表演，并对中国文化产生了浓厚兴趣，中国茶正在改变他们的饮茶方式。秦亚的茶叶销售也伴随着传播中国茶文化开始展开，而秦亚的目标就是让更多外国人像喜欢咖啡一样，喜欢上中国茶。

目前，公司拟计划招聘百十名当地大学生，帮助公司做销售工作，可更好向当地人宣传中国茶和中国茶文化；并计划组织茶之旅文化旅游，带领当地人和华人去茶园体验采茶、制茶、品茶和欣赏中国茶艺，让更多人领略肯尼亚茶的品质和中国茶文化的魅力，亲自感受中肯友谊在民间结出的丰硕成果。

（四）"飞马"填补农业机械市场空白

飞马有限公司（Flying Horse Limited）的前身是青神有限公司（Qing Shen Enterprises Ltd.）。1996 年青神有限公司在肯尼亚内罗毕正式成立，因董事长赵庆周来自四川省青神县，作为"非漂"的他将自己对家乡的深深眷恋寄托在这家以家乡名字命名的公司上。后因当地人无法准确发出青神（Qing Shen）这两个音，不便于公司树立品牌和拓展影响力，赵庆周决定更改公司的名字。一方面，考虑到英语是肯尼亚的官方用语，也是肯尼亚日常商业活动中的主要使用语言，采用英文名字更有利于公司未来发展；另一方面，公司作为一家处于创业初期的中国民营企业，要想成功打入肯尼亚市场必须要作出适应本地需求的决策，于是公司于1999年正式更名为Flying Horse，中文名即飞马有限公司。

1. 中国民营企业的非洲创业梦

赵庆周于1992年到肯尼亚内罗毕从事翻译工作，合同期结束后选择在肯尼亚自主创业。起初，公司成立之时并无特别明确的经营方向，赵庆周每天都出去了解市场，终于等来了第一个订单——一个20尺柜的农具。可由于供货商发错了规格，5磅的羊角榔头发成了2.5磅，四齿钉耙发成了九齿，客户直接退货，最后公司只得以非常低廉的价格卖给了印度公司，造成了严重亏损。

在创业阶段，飞马不仅经历了市场经验不足所带来的困扰，也面临着资金短缺等重重挑战。1997年，公司从国内进口一个集装箱的单缸柴油机到肯尼亚，这批柴油机被当地一个经销商全部订走了，而且支付了远期支票，然而该客户不守信用，支票到期未能兑现，成为空头支票，迫使公司一度陷入破产境地，无力支付房租和电话费，后几经波折才最终追回款项。就在此时，一位香港朋友在了解了公司资金困难的情况后，答应拿出10万美金为飞马垫款发货，条件是必须在货到三个月内还款，而且承担10%（后涨到18%）的利息。

就这样，公司以柴油机打开了肯尼亚市场，赵庆周将目光最终锁定了肯尼亚农业机械领域，并开始从中国进口农用发动机在肯尼亚销售。这样飞马有限公司的发展方向最终确定，通过进口中国农用发动机，逐渐打开了肯尼亚农业机械市场的大门。飞马成为肯尼亚第一家引入中国焚风碾米机的企业，将印度生产的相对落后的碾米机逐渐挤出肯尼亚市场，飞马曾创造了一周内销售一个柜的历史纪录。飞马还是第一个将国内的磨面机引入肯尼亚市场的中国公司，引进规模也从最初的四台到后来的整集装箱的国产磨面机。中国生产的磨面机在很大程度上改变了当地人落后的玉米加工方式，逐渐提高了当地人生产生活的质量。

这期间，柴油机仍然是公司的龙头产品，当时公司所销售的中国国内某品牌柴油机已成为肯尼亚的知名品牌，直接和在肯尼亚颇有影响力的印度著名柴油机品牌基洛斯卡（Kiloskar）竞争。但是该中国品牌不顾多年合作，私自违背契约将独家代理权给了另一位印度客户，认为印度方面的实力更强，使得飞马完全失去了肯尼亚中部的客户，为此飞马蒙受了巨大损失。这之后还出现了磨面机厂家不遵守独家代理协议，继续为公司竞争对手供货。为此，公司不得不吸取教训转而引进其他中国品牌柴油机。公司先后引入常柴和亚美柯牌柴油机，且亚美柯直接标飞马牌（Flying Horse）商标柴油机为飞马有限公司进行定制，现在的磨面机也是被标上了飞马品牌。

飞马有限公司经历了难以想象的创业困难，但从未放弃这份实现非洲创业梦的热情。公司终于在 1999 年还清了所有借款，从 2000 年起实现资金完全自主经营，公司发展从此进入健康发展的轨道。

公司本着诚信经营的原则，不搞恶性竞争，赢得了广大客户甚至竞争对手的良好口碑和尊重。肯尼亚的英国农场主加斯顿（Gaston）先生亲口对赵庆周说：“赵先生，您在我们这片儿非常有名”（Mr. Zhao, you are very famous in our community），这对发展中的飞马既是鼓励也是激励。

曾有印度客户要求飞马摘掉并更改自己机器上的铭牌，并表示如果飞马把从山东引进的电机改为“Made in UK”（英国制造）的话，他就订下整个集装箱的机器，但却遭到了飞马有限公司的果断拒绝。飞马在创业初期虽经历各种波折，但始终坚持诚信经营，立志在肯尼亚树立中国农业机械的品牌，公司始终坚持宁愿失掉生意也不欺骗客户的经营原则，最终在肯尼亚农业机械市场上站稳了脚步并稳步前进，一步一步用自己辛勤的汗水实现着自己的非洲梦，不仅扩大了中国农用机械领域在肯尼亚的影响力，而且树立了良好的中国民营企业形象。

2. **创新改造适应肯生产方式的农机产品**

目前，飞马有限公司办公地点位于内罗毕机械贸易市场最集中的地区，已经成长为主要从事农业机械、小型工程机械、五金机电及配套的设备零部件销售和安装调试贸易商。门市仓库面积约 800 平方米，现有员工 20 余名，经营状态良好，经过近 30 年的诚信经营，多年来积累下了良好的品牌效应、客户资源、熟练的技术工人以及营销人员，在肯尼亚当地获得了非常好的口碑，使“飞马”成为当地农机领域耳熟能详、非常有名的品牌。并且公司已形成成熟且实力强的管理团队及 ERP（Enterprise Resource Planning，“企业资源计划”）库存系统。

飞马有限公司在创业初期，从少批量向肯尼亚引进中国品牌的柴油机获得当地农户欢迎后，开始逐渐在农机领域大力推广，帮助当地农户摆脱了繁重的农活，大大提高了当地人民的劳作效率。随后，公司快速发展，并向肯尼亚市场销售各种中国农业机械机具，后又扩展到销售大型发电机组。

目前，飞马在肯尼亚所销售的中国制造农业机械的类型主要包括以下几种：

（1）组合式碾米机和成套碾米设备

公司所引进的组合式碾米机和成套碾米设备品牌主要为环球，日产 5 吨、25 吨、60 吨。

①引进销售设备

肯尼亚姆韦阿镇（Mwea）是肯尼亚水稻种植最为集中的地方。赵庆周在创业初期引进柴油机作为动力设备开拓了市场、大获成功之后，立马引进了中国国产多功能打米机，改变了肯尼亚传统打米方式，提高了碾米的质量，随后又引进了一套60吨成套碾米设备。2015年，公司在维护老客户资源的前提下，又为姆韦阿镇引进更先进的单机和成套碾米设备。目前在肯尼亚的姆韦阿镇上有数不清的单机米机，各种组合式米机以及三套60吨的大型碾米设备。飞马公司的产品在姆韦阿镇上有60%的市场占有率。

②销售配件、提供售后服务和维修

由于整机销售和使用已形成规模，公司一方面培养出了一批当地机修工，增加了他们的收入，改善了他们的生活水平；另一方面公司从中国进口配件，然后发展与肯尼亚当地的配件经销商关系，给他们账期销售机器配件。客户来飞马购买整机，平时的零配件则到镇上小店购买，因此又带动了一批经销商致富，完全改变了他们日常生活的状态。

③反向销售大米

姆韦阿镇地区大米生长周期长、品质好、口感佳，飞马引进的先进的碾米设备有助于产出高质量的大米，并且公司还积极帮助当地人销售大米。公司一边鼓励在肯中国人从此镇购买大米，向认识的各大中资企业公司推荐此地区产的大米，一边帮助当地人同华人超市沟通、联系批发零售此地区大米，帮他们反向做市场，解决一部分销路。

（2）磨粉机单机和成套磨粉机

公司所引进的磨粉机单机和成套磨粉机品牌主要为飞马，日产5吨、8吨、15吨、25吨、32吨。

肯尼亚人民的主食是乌伽黎（Ugali），就是用粗玉米粉制作的玉米糊。乌伽黎也是东非和南部非洲几个国家的主食，包括肯尼亚、坦桑尼亚等国家的民众日常都食用这种玉米糊。因此为适应肯尼亚民众饮食习惯，飞马专门从中国引进磨粉设备。

一开始，飞马从中国进口主机，只卖主机，当地经销商或终端客户根据自己需要改装，但是效果不是很好，公司主机销售也是很有限。在 2015 年后，飞马在引进中国进口主机的同时，开始认真研习国内先进的磨粉设备，根据机器原理和当地实际需求，反复多次改装，实地安装调试，成功设计出一系列的半自动和全自动磨粉机，包括日产量 5 吨、8 吨、15 吨、25 吨、32 吨的磨粉机。磨粉质量和产量也大幅度提高。

并且，根据客户所能承担的消费能力和预算，飞马为终端客户设计他们自己的小型加工坊，中型商业用途加工坊和全自动大型磨粉工厂。大幅度提高了他们的劳动效率，也直接增加了他们的收益。2008 年，就有位肯尼亚当地客户从飞马购买了一台中国制造的磨粉机开始做小加工坊，到现在，该客户的小加工坊已经拥有 5 台磨粉机，彻底改善了他们一大家子的生活水平。

现在，飞马公司的很多当地员工都在自己老家开办了小型加工坊。在飞马公司工作，一方面能为这些当地员工提供工作岗位；另一方面以内部员工的优惠价格卖给他们机器支持他们小加工坊的生意。员工可每月收到工资后再向公司分期付款，偿还他们从公司购买的用于自己加工坊的机器，这样他们又有了另外一份收入。这不仅改善了他们的生活，甚至也改变了他们的命运。

到目前为止，飞马有限公司的磨粉机市场占有率达到 80% 。毫不夸张地讲，肯尼亚凡是有人吃乌伽黎、吃玉米粉的地方，就有飞马磨粉机的身影。从这一点可以看出，中国制造的农机彻底改变了肯尼亚人民的生活。

（3）手扶式拖拉机

公司所引进的手扶式拖拉机品牌主要为亚美柯。

肯尼亚气候温和，四季如春，适合鲜花生长，是非常好的鲜花种植基地，是鲜花出口大国、欧洲花卉的进口来源国。为适应当地民众种植和培育花卉的需求，飞马进口国内传统手扶式拖拉机。该拖拉机可耕地、播种、维护花卉基地，公司还配套相应的圆盘犁、双铧犁、旋耕机、播种机，使得当地鲜花种植作业机械化，减少了人工劳动量。

飞马渐渐成为当地鲜花种植农场客户的农作物种植机械作业化的首选，提高了他们的产量。公司在销售手扶式拖拉机方面也形成了规模，批发兼零售的模式。公司还配套相应的配件和易损件，教会当地人使用，培养机修工，做到有销售、有技术、有服务。

（4）灌溉水泵、深井泵、多级泵、离心泵等水泵

公司所引进的水泵品牌主要包括三雨、戴维斯 & 薛立夫（Davis & Shirtliff）。

肯尼亚是农业大国，但是降水量很少且主要集中在雨季的短短一两个月内。因为肯尼亚全国范围内没有好的蓄水方案，造成了雨季易发洪灾、非雨季易发旱灾的状况。肯尼亚的特殊气候特点给当地的农户带来了极大不便，于是飞马从中国进口了传统的农业水泵并根据当地客户需求进行了改装，以帮助他们解决农业用水问题，大大提高了农户的农作物产量，为他们的生产和生活带了切实的利益和方便。为此，很多纳库鲁（Nakuru）当地农户为感谢飞马改造的农用水泵给他们的生活带来了改变，特意载着成功种植的蔬菜水果来公司表示感谢，表达了他们对这家中国民营企业的诚挚的感情。

（5）单缸柴油机

公司所引进的单缸柴油机品牌包括常柴和飞马。

当地利用中国制造的柴油机作为动力，改装了各种水泵、铡草机、开放式发电机等，为农业生产带来了便利，也为肯尼亚的机械化作业提供了一大动力。

（6）其他农机

公司还根据肯尼亚客户的多样化生产需求，从中国引进了榨油机、花生剥壳机、咖啡剥壳机、玉米脱粒机、饲料搅拌机、铡草机、饲料用磨粉机。其中，像花生剥壳机、玉米脱粒机等，飞马都根据当地农业生产的特点和需求，进行了不同程度适应本地需求的改造，给当地农户带来了不错的收益。

自2015年3月开始，为求公司发展壮大，飞马就采取了以下举措：

第一，从农机方面来说，公司升级了当地农机配置，进口中国主机，根据当地人的需求改装设计成套打米和磨面设备；

第二，从水泵方面来说，公司在原有灌溉水泵的基础上，改装升级高扬程高流量水泵，并与当地最大的水泵公司合作，开发深井泵、清水污水潜水泵、立式卧式离心泵，管道增压泵、消防泵等各类水泵市场。

第三，从小型工程机械方面来说，公司在对当地市场进行了一番摸索之后，开发了各种高品质中国国产品牌的翻斗车、搅拌机、弯钢机、切断机、振捣器、抹光机等产品。由于公司卓越的品质和服务，在行业内赢得了良好的口碑。

第四，从五金机电方面来说，公司开发了博世电动工具，以及各种五金劳保用品，为项目一条龙服务提供便利。

第五，从外加工产品方面来说，公司进口并销售各类机械配件，也根据客户的产品需求或者特殊订单定制各种螺栓、垫圈、预埋件、钢板弹簧、滤芯、铁架底座、非标准件、U形螺栓等。

经过三年的深入改革和升级销售模式，飞马在肯尼亚市场已拥有广泛的客户群体，其中既包括中资企业，也有肯尼亚当地客户与印度合作经销商等，形成了批发兼零售的营销模式。

3. 来自中国民营企业的农业现代化贡献

飞马在发展壮大的同时，一直在关注中国进口农机产品在肯尼亚当地的适应性是否良好问题。在反复的实验和售后调查当中，飞马发现由于两国农业生产方式不同，所种植的农作物差异性较大，从而导致对农用机械需求的巨大差异性。这最终激发了飞马在销售的同时开始进行农机产品改造的计划，以适应和满足当地需求。经飞马改造后的农用机械直接提高了当地农户的劳动生产效率，提高了当地农户对农业生产的投入，带动了肯尼亚人的生产积极性，减轻了他们劳作的辛苦。

自中国改革开放以来，中国农机产业领域伴随着国家提升农机化水平及加快农村基础设施政策实施的脚步，获得了显著的发展。中国的内燃机、拖拉机、运输机械、配件等诸多小行业都发展迅速，并已形成完整的工业体系。农业机械的迅猛发展以及农用机械在中国农村农业生产中的快速应用加快了我国农村农业劳动力结构的革新，大大缓解了人力投入，解放了劳动力，促进了中国新农村建设以及农村经济的发展。所以，综观中国农业生产对农业机械的需求和使用可为肯尼亚农业现代化提供借鉴和帮助。

农业是肯尼亚经济的基础。据肯尼亚国家统计局（KNBS）发布的调查显示，农业仍是肯尼亚经济增长最主要的引擎。近年来，虽然肯尼亚农业增速有所下降，但是肯尼亚政府一直在采取多项有效措施帮助农业部门继续增长，其中就包括提高农场机械化水平等。①

肯尼亚农业发展水平并不平衡，主要分为大农和小农两大类。其中，大农主要指独立前原属白人移民和大公司所有的大型农场和种植园。这些农场在独立后，通过赎买和土地安置政策，多划归本地人所有，一些大型农场则被划分为若干小农场。小农则指独立后发展起来的小土地所有者，但由于小农出售的农产品占比非常高，因此小农在肯尼亚农业中的主导地位还是

① 《农业仍是肯尼亚经济增长最主要引擎》，2015 年 4 月 30 日，中华人民共和国商务部网站（http：//www. mofcom. gov. cn/article/i/jyjl/k/201504/20150400958988. shtml）。

非常明显的。但在像飞马这样的中国民营企业进驻肯尼亚农用机械市场之前，当地小农多使用印度等品牌的农用机械，很多机械设备已经十分落后了，已经跟不上农户生产发展的需求。例如，肯尼亚的主要粮食作物包括玉米、小麦、豆类等，原有的脱壳机、磨粉机动力不足，或不能完全脱壳，或研磨颗粒十分粗糙，既增加农户的人工成本、影响农户的销售，又影响购买者的烹调和食用口感。飞马等中国企业的进驻，为肯尼亚农业机械化方面带来了活力和发展动力。与作为农业大国的中国相类似，肯尼亚对农业的高度重视，有利于肯尼亚农业现代化的实现。无论是粮食作物还是经济作物，飞马所提供的农机产品大大减轻了当地生产成本。

另外，肯尼亚农户在购买农机产品时更看重机械的功能性和物美价廉，飞马在改造中国制造农用机械时也考虑到当地农户的实际消费能力，不断兼顾功能性和价格。飞马改造的机械易操作、易修理、价格优惠，为自己的品牌和企业赢得了口碑、树立了企业形象，在肯尼亚农机领域站稳了位置。通过客户间口口相传，飞马的信誉保障成为肯尼亚农户购买农机的首选。一些老客户很早从飞马购买了农机，后来农机遇到了老化、需要更换配件的时候，一个电话打给赵庆周询问公司地址是否变更。赵庆周的一句“公司还在老地方，来吧”，令无数农户感到飞马坚实的信誉保障和朴素的真诚。

飞马在推广销售的同时，还时刻为农户着想，带动了当地配件商的发展，并实现了销售、维修一条龙服务的经营模式，真正体现了中肯友好合作在实践中摸索、在实践中加深彼此友谊的特色。不仅飞马的本地员工从中获益，周边的配件商、客户都从飞马的发展壮大当中获取了商机和切切实实的好处，带动了当地农用机械领域的革新和进一步发展，真正体现了一家企业的事业心和责任心。

4. 助力肯尼亚农业机械化发展的明天

飞马有限公司是肯尼亚在工业区达累斯萨拉姆路唯一一家生存发展近30年的华人企业，在业内小有名气并树立了威望，和当地印度商关系良好，和当地最大水泵商合作紧密，成为戴维斯 & 薛立夫水泵的一级代理，阿特拉斯（Atlas Copco）代理商，对当地发展可谓影响深远。销售模式主要采取贸易商，批发兼零售、渠道销售、发展经销商，引进国内先进便捷的设备，鼓励当地人尝试使用并推广相结合的方式。

公司十分重视员工属地化经营，目前中方雇员仅3人，未来将根据公司发展需要扩展至5人，主要从事公司的管理工作；目前当地雇员14人，主要从事销售、行政、维修和技术等相关工作，未来公司拟招聘更多本地本科学生，培养更多农机领域的人才，提高公司整体素质，整体打造一个实力更强的团队。公司从2015年开始，设立了第一个五年计划。2015—2020年的第一个五年计划中，飞马将一步一个脚印，实现销售业绩的稳定增长，增加公司的原始积累，为公司未来发展提供坚实的资金保障。公司的第二个五年计划从2020—2025年开始，公司将在正常运转的情况下，在现有基础上，再扩大一个仓库，做半成品到成品的组装；开一个小型加工厂，加工标准和非标准件；并到非洲其他国家开分店。

在资金实力允许的情况下，飞马将把已经打开市场的传统农机备足，加大批发和零售业务，大力投入广告，如电视、报纸等宣传方式。在接下来的几年内，公司将逐个把肯尼亚各个乡镇使用飞马产品的情况进行挨个摸底，以提高公司的服务质量和售后，并进一步加大在肯尼亚乡镇推广中国制造农机产品的力度，增加乡镇产品覆盖率，努力为肯尼亚农用机械现代化的发展作出应有的贡献，不断促进中非贸易农业领域的民间交流。

参考文献

李新烽：《非洲踏寻郑和路》，中国社会科学出版社 2013 年版。

李新烽：《郑和与非洲》，中国社会科学出版社 2012 年版。

高晋元：《列国志：肯尼亚》，社会科学文献出版社 2004 年版。

葛佶主编：《简明非洲百科全书（撒哈拉以南）》，中国社会科学出版社 2000 年版。

Miller, Charles (2001), "The Lunatic Express: An Entertainment in Imperialism", London: Penguin.

Mills, Stephen; Yonge, Brian (2012), "A Railway to Nowhere: The Building of the Lunatic Line 1896 - 1901", Nairobi: Mills Publishing.

Ochieng, W. R.; Maxon, R. M (1992), "An Economic History of Kenya", Nairobi: East African Educational Publishers.

Otte, T. G.; Neilson, Keith, eds., (2012), *Railways and International Politics: Paths of Empire, 1848 - 1945. Military History and Policy*, London: Routledge.

Wolmar, Christian (2009), *Blood, Iron & Gold: How the Railways Transformed the World*, London: Atlantic Books.

李新烽，中国社会科学院西亚非洲研究所副所长、研究员、博士研究生导师。出版《非洲踏寻郑和路》（中、英文版）和《郑和与非洲》等著作，发表中英文学术论文20余篇。人民日报社前驻南非首席记者，足迹遍布非洲大陆。其作品获中共中央宣传部第十届精神文明建设“五个一工程奖”、第十六届和第二十七届中国新闻奖、中国社会科学院2012年和2016年优秀对策信息一等奖、外交部2013年和2016年中非联合交流计划研究课题优秀奖等十余种奖项。

邓延庭，法学博士，中国社会科学院西亚非洲研究所非洲研究室助理研究员，主要研究领域为东非区域一体化，目前在创新项目“中非产能合作重点国家研究”中担任研究助理，负责东非国家的跟踪研究。代表作包括《蒙内铁路：东非地区跨境铁路建设新模式》《“一带一路”倡议引领下的东非铁路互联互通建设》《坦噶尼喀与桑给巴尔联合关系研究》等文章。

张梦颖，中国社会科学院研究生院西亚非洲系博士研究生。2010年获加拿大阿尔伯塔大学经济学荣誉学士学位，2011年获加拿大英属哥伦比亚大学经济学硕士学位。曾任中国社会科学杂志社编辑。发表论文《中国经济放缓对非洲影响的国际舆情评析》（独著），《中国参与几内亚湾地区和平与安全合作：挑战与深化路径》（合著）。参与外交部2016年中非联合交流计划研究课题获优秀奖。

中国社会科学院西亚非洲研究所是根据毛泽东主席的指示于1961年7月4日创建的多学科综合性研究所，是目前中国规模最大、研究力量最集中的中东、非洲问题研究机构和智库。该所研究对象涉及中东、非洲74个国家和地区，重点研究当代中东、非洲地区，各国政治、经济、社会、民族、宗教、法律以及大国与中东、非洲，中国与中东、非洲等国际关系问题。主办学术期刊《西亚非洲》（双月刊），主编综合性年度研究报告集《中东黄皮书》和《非洲黄皮书》；主管中国社会科学院海湾研究中心和中国社会科学院西亚非洲研究所南非研究中心。全国性学术社团中国亚非学会和中国中东学会挂靠于该所。中国社会科学院研究生院西亚非洲研究系设在该所，招收和培养中东和非洲政治、经济和国际关系等专业方向的硕士和博士研究生，为国内中东非洲研究培养专业人才。经过近60年的发展，西亚非洲研究所已逐步成为国内外中东非洲研究领域的知名学术机构。

中国社会科学院国际合作局是负责组织推进全院对外学术交流合作的职能部门。中国社会科学院对外交流合作遍及100多个国家和地区，同海外160余个机构建立了协议交流关系，其中主要是各国科学院、国家级科研机构、高端智库、知名学府以及重要国际组织。对外学术交流的形式主要有学者互访、举办国际研讨会、合作研究、培训、出版等。近年来，每年中外学者互访达5000余人次，举办国际性学术会议150余场。与10余个国家的科研机构共同组织开展合作研究项目。近五年来，与国外知名学术出版社合作，对外翻译出版学术著作700余部。印行《中国社会科学》等16种英文学术期刊。在海外已建立形成中国研究中心网络。

中国社会科学出版社成立于1978年6月，是由中国社会科学院主管的一家以出版哲学社会科学学术著作为主的国家级出版社。1993年首批荣获中共中央宣传部和国家新闻出版总署授予的全国优秀出版社称号。中国社会科学出版社成立40周年以来，出版了大量人文社会科学学术精品，图书先后获得国家图书奖荣誉奖、国家图书奖、中国图书奖、中国出版政府奖图书奖、“中国好书”奖、中华优秀出版物奖、“三个原创一百”图书奖和全国优秀通俗理论读物奖等国家级奖励。在南京大学中国社会科学评价研究院发布的《中文学术图书引文索引》中，中国社会科学出版社图书被引综合排名在全国近600家出版社中位居第四；在中国文化走出去效果评估中心发布的《中国图书海外馆藏影响力研究报告》中，中国社会科学出版社海外馆藏影响力位列第一。近年来，中国社会科学出版社在《剑桥中国史》《中国社会科学院学者文选》等传统图书品牌的基础上，打造“中社智库”丛书，《理解中国》丛书、《中国制度》丛书等出版品牌，已经发展成为我国马克思主义理论的重要出版阵地、哲学社会科学出版重镇、国家高端智库成果的重要发布平台和中国学术“走出去”的主力军。